ARTHUR

PAR

EUGÈNE SÜE

TOME PREMIER.

PARIS
PAULIN, ÉDITEUR
RUE RICHELIEU, 60
—
1845

ARTHUR.

IMPRIMÉ PAR PLON FRÈRES,
RUE DE VAUGIRARD, 36.

ARTHUR

PAR

EUGÈNE SÜE.

TOME PREMIER.

PARIS

PAULIN, ÉDITEUR,

RUE RICHELIEU, 60.

1845

PRÉFACE.

. . . . . . Surtout le bon génie...
A. D. P. G. M. B. D. V.

Vers le milieu de l'année 1837, l'obscure gazette d'un département du midi de la France raconta la mort tragique d'une femme, d'un homme et d'un enfant.

Imparfaitement renseignée, cette feuille donna plusieurs versions sur ce fatal événement, tour à tour attribué à l'imprudence, au suicide et à la vengeance ; mais, par l'intervention d'une famille puissante qui avait un grave intérêt à étouffer le retentissement de cette déplorable aventure, ce journal démentit ces faits, en les donnant pour une fable qu'on oublia bientôt.

Celui qui écrit ces lignes dut néanmoins à de

certaines circonstances d'être instruit des véritables détails de cette tragédie, qui sert à la fois d'exposition et de dénoûment au livre que voici.

Le personnage d'Arthur n'est donc pas une fiction..., son caractère, une invention d'écrivain; les principaux événements de sa vie sont racontés naïvement; presque toutes les particularités en sont vraies.

Attiré vers lui par un attrait aussi inexplicable qu'irrésistible, mais souvent forcé de l'abandonner, tantôt avec une sorte d'horreur, tantôt avec un sentiment de pitié douloureuse, j'ai long-temps connu, quelquefois consolé, mais toujours profondément plaint, cet homme singulier et malheureux.

Si, afin de rassembler ces souvenirs d'hier, et presque stéréotypés dans ma mémoire, j'ai choisi ce cadre : — *Journal d'un inconnu,* — c'est que j'ai cru que ce mode d'affirmation pour ainsi dire personnelle donnerait encore plus d'autorité, d'individualité au caractère neuf et bizarre d'ARTHUR, dont ces pages sont le plus intime, le plus fidèle reflet.

En effet, *une puissance rare*, L'ATTRACTION; — un *penchant peu vulgaire*, LA DÉFIANCE DE SOI, — servent de double pivot à cette nature excentrique, qui emprunte toute son originalité de la combinaison étroite, et pourtant anormale, de ces deux contrastes.

En d'autres termes : — qu'un homme doué d'un très-grand attrait soit sinon présomptueux, du moins confiant en lui, rien de plus simple; — qu'un

PRÉFACE.

homme sans intelligence ou sans dehors soit défiant de lui, rien de plus naturel.

Qu'au contraire, un homme réunissant par hasard — les dons de l'esprit, de la nature et de la fortune — plaise, séduise, mais qu'il ne croie pas au charme qu'il inspire; et cela, parce qu'ayant la conscience de sa misère et de son égoïsme, et que, jugeant les autres d'après lui, il se défie de tous, parce qu'il doute de son propre cœur; que, doué pourtant de penchants généreux et élevés, auxquels il se laisse parfois entraîner, bientôt il les refoule impitoyablement en lui, de crainte d'en être dupe, parce qu'il juge ainsi le monde; qu'il les croit sinon ridicules, du moins funestes à celui qui s'y livre; — ces contrastes ne semblent-ils pas un curieux sujet d'étude?

Qu'on joigne enfin à ces deux bases primordiales du caractère — des instincts charmants de tendresse, de confiance, d'amour et de dévouement, sans cesse contrariés par une défiance incurable, ou flétris dans leur germe par une connaissance fatale et précoce des plaies morales de l'espèce humaine; — un esprit souvent accablé, inquiet, chagrin, analytique, mais d'autres fois vif, ironique et brillant; — une fierté, ou plutôt une susceptibilité à la fois si irritable, si ombrageuse et si délicate, qu'elle s'exalte jusqu'à une froide et implacable méchanceté si elle se croit blessée, ou qu'elle s'éplore en regrets touchants et désespérés lorsqu'elle a reconnu l'injustice de ses soupçons; — et on aura les principaux traits de cette organisation.

Quant aux accessoires de la figure principale de ce récit, quant aux scènes de la vie du monde parmi lesquelles on la voit agir, l'auteur de ce livre en reconnaît d'avance la pauvreté stérile ; mais il pense que les mœurs et la société d'aujourd'hui n'en présentent pas d'autres, ou du moins il avoue n'avoir pas su les découvrir.

Ceci dit à propos de cet ouvrage, ou plutôt de cette longue, trop longue peut-être, Étude Biographique, — passons. —

Un écrivain n'ayant guère d'autre moyen de répondre à la critique d'une œuvre que dans la préface d'une autre, je dirai donc deux mots sur une question soulevée par mon dernier ouvrage [1], et posée avec une flatteuse bienveillance par ceux-ci, avec une haute et grave sévérité par ceux-là ; ici avec amertume, là avec ironie, ailleurs avec dédain.

Cette question est de savoir si je renonce à cette conviction, taxée, selon chacun, — de paradoxe, — de calomnie sociale, — de triste vérité, — de misérable raillerie, — ou de thèse inféconde ; — cette question est de savoir, dis-je, si je renonce à cette conviction : que *la vertu est malheureuse et le vice heureux ici-bas.*

Et d'abord, bien que rien ne lui semble plus pénible que de parler de soi, l'auteur de ce livre ne peut se lasser de répéter qu'il n'a pas la moindre des prétentions *philosophiques* qu'on lui accorde,

---

[1] *Latréaumont.*

qu'on lui suppose ou qu'on lui reproche ; — que dans ses ouvrages sérieux ou frivoles, qu'il s'agisse d'histoire, de comédie ou de romans, il n'a jamais voulu *former de système;* — qu'il a toujours écrit enfin selon ce qu'il a ressenti, — ce qu'il a vu, — ce qu'il a lu, — sans vouloir imposer sa foi à personne.

Seulement, ce qui autrefois avait été pour lui plutôt la prévision de l'instinct que le résultat de l'expérience, a pris à ses yeux l'impérieuse autorité d'un fait.

Que si, enfin, il semble renoncer non pas à sa triste croyance, mais à signaler, même dans ses propres ouvrages, les observations ou les preuves irrécusables qu'il pourrait citer à l'appui de sa conviction, c'est qu'à cette heure, plus avancé dans la vie, il sait qu'une intelligence ordinaire suffit pour faire triompher une erreur..., mais que le saint privilége de consacrer, d'accréditer les VÉRITÉS ÉTERNELLES, est réservé au génie ou à la Divinité...

En un mot, ne voulant pas hasarder ici un rapprochement facile et sacrilége entre la vie sublime et la mort infamante du divin Sauveur *(véritable symbole de sa pensée)*, il reconnaît humblement que Galilée seul pouvait dire du fond de son cachot : *E pur si muove !*

EUGÈNE SUE.

Châtenay, 15 octobre 1838.

ARTHUR.

JOURNAL D'UN INCONNU.

INTRODUCTION.

CHAPITRE PREMIER.

LA ROUTE DE POSTE.

Un hasard étrange mit ce journal en ma possession. Établi durant quelques mois dans une ville centrale d'un de nos départements du Midi, dont le littoral est baigné par la Méditerranée, je cherchais à acquérir une propriété dans ce pays, merveilleusement pittoresque et accidenté; j'avais déjà examiné plusieurs terres, lorsqu'un jour, le notaire qui me donnait les renseignements nécessaires à cette exploration me dit : « Je viens de recevoir avis qu'à huit lieues d'ici, dans la plus belle position du monde, ni trop près ni trop loin de la mer, il y a un BIEN

DE CAMPAGNE à vendre. Je ne sais pas ce que c'est ; mais si vous désirez le voir, monsieur, voici les indications précises à ce sujet : c'est avec le curé du village de *** que vous aurez à traiter.

— Comment ! — lui dis-je, — avec le curé ? — Mais ce n'est pas sans doute un presbytère qui est à vendre, j'imagine ?

— Je n'en sais rien, — me dit l'homme de loi ; — mais, d'après le prix assez élevé qu'on demande, je ne pense pas que ce soit un presbytère... Du reste, — ajouta-t-il d'un air fin et entendu, — il paraît qu'il y aura mille moyens de s'arranger à l'amiable et avantageusement ; car c'est une vente par suite de départ précipité ou de mort subite, je ne sais pas au juste... d'autant plus qu'il a couru des bruits si absurdes et si bêtes à ce sujet, que je craindrais de tomber dans un roman ridicule en vous entretenant de ces billevesées ; mais ce qu'il y a de sûr, monsieur, c'est que ces occasions-là sont toujours les meilleures, d'autant plus qu'on a fait, me dit mon correspondant, des folies... de véritables folies dans cette propriété.

— Un départ précipité ! une mort subite !... Et qui donc habitait ce lieu ? — lui demandai-je.

— Je n'en sais rien, absolument rien... Mon correspondant ne m'en a pas appris plus long... et c'est par le plus grand hasard du monde qu'il a eu vent de cette bonne affaire ; car sur cent personnes du département, il n'y en a pas dix qui connaissent le village de ***. »

Je ne sais pourquoi ces renseignements, bien que fort vagues, piquèrent ma curiosité ; je me décidai à partir sur-le-champ, et j'envoyai commander des chevaux.

« Oh ! — me dit le notaire, — je ne vous conseille pas de vous engager en voiture dans ces chemins-là... la poste y mène bien, mais le relais le plus proche de *** en est encore éloigné de cinq lieues, et pour y arriver, on dit que ce sont de vraies sablonnières de traverse, dont vous aurez mille peines à vous arracher ; si vous m'en croyez, monsieur, vous irez là à cheval. »

Je crus le garde-note ; je fis mettre un portemanteau sur une selle de courrier, et, précédé d'un postillon, je partis pour le village de ***, distant de huit lieues de la ville où je me trouvais.

Je fis mes trois premières lieues en une heure, je changeai de chevaux au relais, et j'entrai en pleine traverse.

C'était vers le milieu du mois de mai, par une matinée délicieuse, rafraîchie par une faible brise du nord; ces routes mouvantes, remplies d'un sable jaune comme de l'ocre, quoique détestables pour les voitures, qui s'y enfonçaient jusqu'aux moyeux, étaient assez bonnes pour les chevaux. Plus je m'avançais dans l'intérieur de ce pays inculte et sauvage, plus la nature se développait large et majestueuse, bien qu'un peu monotone : devant moi, d'immenses plaines de bruyères roses; à l'horizon, de hautes montagnes bleuâtres; à gauche, de nombreuses collines couvertes de bois; et à droite, un continuel rideau de verdure, formé par les saules et les peupliers qui bordaient une rivière très-basse et très-limpide, partout guéable, mais fort rapide, et qu'il fallait plusieurs fois traverser, car elle coupait çà et là le chemin, qui tantôt s'encaissait entre de hauts escarpements couverts d'aubépines, de mûriers, et de rosiers sauvages, et tantôt, au contraire, sortait de ces cavées, pour remonter en plaine, droit et uni comme un jeu de mail.

« Es-tu déjà allé à *** ? — demandai-je à mon guide, dont la figure mâle, la tenue nette et propre, la démarche aisée sentaient fort leur cavalier libéré du service militaire; j'avais d'ailleurs entendu ses camarades de la poste l'appeler le *hussard*, et tout dans cet homme contrastait avec l'air négligé et la bruyante familiarité des autres méridionaux.

— Es-tu déjà allé à ***? — demandai-je donc à mon guide.

— Oui, monsieur, deux fois dans ma vie, — me répondit-il en arrêtant son cheval et se plaçant un peu en arrière de moi; — une fois il y a deux ans, et l'autre fois il y a trois mois; mais, dame! les deux fois ne se ressemblent guère!!!

— Que veux-tu dire?

— Oh! la première fois, — ajouta-t-il encore exalté sans doute par un souvenir d'admiration et de gratitude, — c'est ça qui était crâne! cent sous de guides! un courrier! six chevaux de berline! »

Et pour péroraison imitative, sans doute, mon guide fit claquer son fouet de façon à m'étourdir.

Ne me contentant pas de cette manière d'apprécier et de désigner la qualité des voyageurs, je lui demandai :

« Mais qui était dans cette voiture? à qui appartenait ce courrier?

— Je ne sais pas, monsieur, les stores de

la berline étaient baissés; sur le siége de derrière, il y avait un homme et une femme âgés qui avaient l'air de domestiques de confiance.

— Et le courrier, n'a-t-il rien dit?

— Le courrier? ah! ben oui! un vrai muet, et l'air d'un féroce! Tout ce que j'ai entendu, c'a été quand il est venu commander les chevaux; ça n'a pas été long, allez, monsieur! Il est descendu de cheval, a mis deux louis d'or dans la main du maître de poste, en disant: « Six chevaux de berline et un bidet, les guides à cent sous, quarante sous de payés. » Et puis il est reparti au galop.

— Et il n'a pas dit le nom de son maître?

— Non, monsieur.

— Et quelle livrée portait ce courrier?

— Attendez donc, monsieur, que je me souvienne... oui... une veste verte, galonnée d'argent sur toutes les coutures, une casquette pareille, ceinture de soie rouge, plaque armoriée, couteau de chasse... des moustaches... enfin, tout le tremblement... un fameux genre!... mais l'air trop féroce, parole d'honneur!

— Et depuis... tu n'as pas su qui tu avais conduit à *** ?

— Non, monsieur.

— Et cette même voiture, quand a-t-elle donc repassé?

— Mais elle n'a pas repassé, monsieur.

— Comment! — dis-je fort étonné, — mais il y a donc plusieurs maisons de campagne à ***?

— Non, monsieur; on dit qu'il n'y en a qu'une en tout : le reste, c'est tout des vraies cassines à paysans.

— Il y a donc une autre route pour venir de *** que celle-ci?

— Oh! non, monsieur; il faut absolument revenir par ici.

— Et personne n'est revenu par ici?

— Non, monsieur.

— C'est extraordinaire! Et il y a longtemps que cette berline est passée?

— Deux ans bientôt, monsieur...

— Et ton autre voyage à ***? — dis-je à mon guide, espérant trouver l'explication de ce mystère.

— Oh! quant à cette conduite-là, je m'en souviendrai longtemps, monsieur! Ah! le vieux scélérat! le vieux brigand! le vieux roué!

— Voyons, conte-moi cela, mon garçon; tu as de la rancune, ce me semble?

— De la rancune!... je crois bien que j'en

ai... et il y a de quoi en avoir. Ce n'est pas pour la chose, mais c'est pour la rouerie... et puis parce qu'il m'a appelé son bon ami, le vieux monstre! son bon ami!!! D'ailleurs vous allez voir, monsieur. Ce voyage-là, c'était donc il y a trois mois : ça se trouvait à mon tour de marcher, je me chauffais dans l'écurie, entre mes chevaux, car le froid pinçait encore dur; sur les onze heures du matin, j'entends claquer, claquer, mais claquer comme à cent sous de guides, et puis la voix essoufflée de Jean-Pierre, qui crie : — Deux chevaux de calèche! — Bon! je me dis, c'est du chenu et ça me revient. Je sors pour voir le voyageur : c'était une mauvaise calèche à rideaux de cuir; une espèce de berlingot dont on ne voyait pas la couleur, tant il était couvert de boue. Je me dis en moi-même : Bon! c'est sans doute un médecin qui vient voir un malade qui se meurt. Mais, sarpejeu! voilà que j'entends une voix qui avait tout l'air d'orner un mourant lui-même, et qui criait du fond du berlingot, autant qu'elle pouvait crier, moitié toussant, moitié renâclant :

« Ah! gueux de postillon! ah! misérable! tu veux donc me tuer en me faisant aller ce train-là? »

» Le fait est que Jean-Pierre vous avait mené ça, que les moyeux en fumaient.

« En voilà pour votre argent, j'espère, not'-bourgeois, — dit Jean-Pierre d'un air furieux au berlingot.

— C'est au moins à quatre francs de guides, n'est-ce pas? — que je dis à Jean-Pierre qui dételait en jurant comme un païen.

— A quatre francs! — qu'i me fait; — oui... pas mal! le monstre paye à vingt-cinq sous!

— A vingt-cinq sous? au tarif? et tu le mènes ce train-là, un train de prince?

— Oui, et tout ce que je regrette, c'est de n'avoir pu le mener encore plus vite.

— T'es joliment bête, — que je dis à Jean-Pierre.

— Tu verras que tu vas faire comme moi.

— Le plus souvent! » que je réponds à Jean-Pierre. Enfin on m'amène mon porteur, que j'avais appelé *Délinquant*, parce qu'il faisait continuellement des délits sur la peau des autres : c'était son idée, à cette bête... hommes ou chevaux, ça lui était égal, pourvu qu'il morde ou qu'il frappe du devant, du derrière, de partout enfin. — Ce pauvre *Délinquant!* — ajouta mon guide avec un douloureux soupir.

Puis il reprit : — On m'amène donc mon porteur, et avant de monter à cheval je vois une grande main sèche, décharnée et couleur de bois, qui sort du rideau de cuir du berlingot, et paye Jean-Pierre à vingt-cinq sous. Voyant payer Jean-Pierre à vingt-cinq sous... je frémis... et je me dis à moi-même : Bon, vieil époumoné, tu vas faire une fameuse promenade au pas pour tes vingt-cinq sous : « Où allons-nous, monsieur ? — demandai-je au berlingot ; car je ne voyais personne, et la grande main sèche et jaune s'était retirée.

— Nous allons à ***, » me dit une voix, mais si faible, mais si éteinte qu'elle avait l'air d'une agonie ; et puis la voix ajouta, toujours moitié toussant, moitié renâclant : « Mais je te préviens d'une chose, mon bon ami... — son bon ami ! répéta mon guide avec rage... — je te préviens que le moindre cahot me fait un mal affreux ; je suis à moitié mort des horribles soubresauts que ton misérable camarade m'a fait faire. Je veux aller très-doucement, très-doucement, au tout petit trot, entends-tu ?... car... — et il toussa comme s'il allait rendre l'âme, — car la plus petite secousse me tuerait... et je ne paye que le tarif... vingt-cinq sous de guides, mon bon ami... » Et là-dessus il retoussa comme s'il allait expirer, le vieux poussif!

— Ah! tu ne payes que vingt-cinq sous! et tu m'appelles ton bon ami! ah! ça te fait du mal d'aller vite! Attends! attends! vieux fesse-mathieu, que je dis en enfourchant *Délinquant;* je vais t'en donner, moi, du tout petit trot! Et v'lan... je vous pars à triple mors, et je vous trimballe le berlingot à tout briser, mais d'un train, mais d'un train, que le vieux roué m'aurait payé à mille francs de guides, comme on dit que payait le grand Napoléon, qu'il n'aurait pas été plus vite; sans compter que, pour mieux orner ma course, je ne coupais pas un ruisseau, pas une saignée... J'arrivais là-dessus au galop... et v'lan! Il fallait voir les sauts de côté que faisait le berlingot en fringalant : seulement, on doit être juste pour tout le monde, mais faut qu'il ait été fameusement solide, le berlingot! pour ne s'être pas rompu mille fois!

— Mais, malheureux, — dis-je à mon guide, — tu risquais de tuer ce malade!

— Le tuer! ah! ben oui... le tuer! le vieux brigand! je n'ai pas eu assez de bonheur pour ça. Enfin nous avons été un tel train, monsieur, que, malgré les sables où nous sommes, avec seulement un cheval de renfort, je l'ai mené à ***, et il y a deux postes et trois bons quarts, en une heure et demie !

— Diable ! — lui dis-je ; — en effet, c'est bien aller.

— Mais attendez la fin, monsieur. La voix du berlingot m'avait dit de ne pas entrer dans le village ; nous arrivons à une hauteur qui est à deux cents pas de ***. Je dételle... pour la dernière fois *Délinquant,* car il en a été fourbu et en est mort, monsieur, de cette course-là ! et si mort que mon maître m'en a mis à pied pour quinze jours, de façon que cette équipée-là m'a coûté plus de cent écus, à moi, pauvre diable ! Mais vous avouerez aussi, monsieur, que quand on se voit payé à vingt-cinq sous, et qu'on s'entend appeler *son bon ami,* par un pareil scélérat, c'est à ne plus se connaître.

— Continue, — lui dis-je.

— Enfin, monsieur, je dételle et j'ouvre la portière, croyant trouver mon homme évanoui, ou au moins mort ! car depuis une heure il ne soufflait pas mot ; mais, mille tonnerres ! qu'est-que je vois ? Un gaillard qui faisait claquer sa langue contre son palais, comme un coup de fouet, en rebouchant une bouteille de rhum, et qui me dit alors, d'une grosse voix de poitrine, mais d'un creux qui aurait fait envie à un chantre de cathédrale : — Mon fiston, voilà le moyen d'aller un train de prince et à bon marché ! Depuis Paris, j'ai toujours fait trois lieues et demie à l'heure, sans courrier, et je n'ai jamais payé qu'à vingt-cinq sous. — Et il sauta de la calèche, leste et dégourdi comme un cerf, le monstre qu'il était. »

Je ne pus m'empêcher de rire de ce singulier moyen d'aller vite et à bon marché, et mon guide exaspéré continua :

« Vous comprenez, n'est-ce pas, monsieur, comme on était furieux de n'être payé qu'à vingt-cinq sous, et d'être appelé son bon ami? Tant plus le vieux roué recommandait d'aller doucement, tant plus, pour se venger et le faire souffrir, on allait un train d'enfer; mais, au contraire, tant plus on allait vite, tant plus il jouissait, le vieux misérable ! Hein ! monsieur, en voilà un vrai bandit ? Faut-il être sans cœur pour faire ainsi le malade, quand on est vigoureux, sec et *cogné* comme un vieux bidet de poste !... Mais ce n'est pas toute l'histoire ; je lui demande où il va, il me répond :

« Attends-moi là ; si je ne suis pas revenu dans une heure, va-t'en.

— Et la voiture? — lui dis-je.

— Si je ne reviens pas, tu la ramèneras à la poste, on ira la reprendre.

— Et votre bagage?

— Je l'ai. »

» Et il me montra une boîte longue, plate, carrée et assez lourde, qu'il tenait sous son bras, et puis il disparut à travers le bois, qui est assez épais à cet endroit-là.

» Dans ce maudit village il n'y a pas d'auberge. Je donne l'avoine à mes chevaux, et j'attends; mais ce pauvre *Délinquant* était si épouffé qu'il ne mangeait pas; moi, je fais le contraire, je mange un morceau, et au bout d'une heure mon vieux roué n'était pas encore revenu; au bout de deux heures, pas davantage... Alors je m'en vais au village qui est dans le fond... pensant qu'il ne pouvait être que dans la maison de campagne des personnes des six chevaux de berline et du courrier. Je sonne à une petite porte, puis à une grande, car on ne pouvait voir la maison du dehors : personne... Je frappe à tout briser : personne. Enfin je me lasse et je m'en reviens, j'attends encore une demi-heure : personne; ma foi! alors je m'en retourne à la poste. On place le berlingot sous une remise, et depuis ce temps-là on n'est pas encore venu le réclamer. Or, probablement que ce vieux brigand se trouve bien là où il est, et où vous allez aussi, monsieur. Mais c'est tout de même un drôle de village que *** : on y va... mais on n'en revient pas ! »

Comme mon guide, je fus frappé de cette étrangeté, et ma curiosité augmenta de plus en plus.

« Mais cet homme, — lui dis-je, — le dernier que tu as mené, était-il bien vieux ?

— Comme ça... dans les cinquante ans, sec comme du bois ; les cheveux tout blancs, mais les yeux et les sourcils noirs comme du charbon. Et puis je me rappelle que quand je lui ai demandé son bagage, et qu'il m'a montré la grande boîte, il a ri, mais tout de même d'un drôle de rire, car il avait comme de l'écume aux lèvres ; et puis j'ai remarqué qu'il avait les dents très-pointues et très-écartées, et on dit que c'est signe de méchanceté... ce qui ne m'étonnerait pas, vu qu'il a l'infamie de ne payer qu'à vingt-cinq sous, et encore d'appeler les autres son bon ami !

— Et comment était-il vêtu ? — demandai-je, malgré moi de plus en plus intéressé à ce récit.

— Oh ! bien couvert : une grande redingote

foncée, une cravate noire et la croix d'honneur; avec ça le visage couleur de cuivre et une taille désossée, dans les modèles de celle de feu le commandant Calebasse, mon ancien chef d'escadron du neuvième hussards... un grand dur à cuire, tout nerfs et tout os.

— Et tu n'en as pas entendu parler depuis?
— Non, monsieur... Ah! j'oubliais de vous dire que, pendant que j'étais à l'attendre, j'ai entendu comme deux ou trois coups de fusil. Voilà tout; probablement qu'on s'amusait par là à tirer des grives dans les vignes... »

Cette boîte lourde et carrée me revint à l'esprit, et je frissonnai, pensant que peut-être un duel sans témoins et acharné avait ensanglanté cette solitude ; mais l'espèce de ruse bouffonne employée par ce personnage pour aller vite et à bon marché me semblait contredire cette pensée de combat : une telle combinaison me paraissait peu naturelle dans un moment aussi sérieux. Ce qui me frappait pourtant extrêmement, c'est que personne n'était revenu de ce singulier village, « où on allait, comme disait naïvement mon guide, et dont on ne revenait pas. » Pourtant le notaire m'avait assuré que la seule habitation convenable qu'il y eût dans cet endroit était à vendre... Qu'étaient donc devenus les voyageurs de la première voiture? Et celui de la seconde? Ma tête s'y perdait, et je brûlais d'arriver à *** pour éclaircir ce singulier mystère.

Lorsque mon guide m'avait parlé de cette voiture à stores baissés, j'avais aussi pensé à un enlèvement; mais ce courrier, ce train, s'accordaient assez peu avec le mystère voulu pour ces sortes d'entreprises. Pourtant ce pâle vieillard, qui arrive deux ans après que les premiers voyageurs sont passés, son air étrange, ces coups de pistolet, et puis la subite disparition de tout ce monde... encore une fois, tant de circonstances extraordinaires portaient ma curiosité à son comble.

« Enfin, nous voici à ***, monsieur, — me dit mon guide. — J'espère que voilà une fameuse vue? Mais tenez, monsieur, c'est ici, près de ce platane mort, que j'ai déposé le vieux roué du berlingot. »

En effet, nous étions arrivés sur les hauteurs qui dominent le village de ***.

CHAPITRE II.

LE COTTAGE.

Vu de cette hauteur, le petit village de *** offrait un délicieux coup d'œil; le peu de maisons qui le composaient, presque toutes situées à mi-côte, étaient bâties de pierres jaunâtres sur lesquelles grimpaient des ceps de vigne; quelques-unes de ces habitations étaient recouvertes de tuiles rouges chaudement colorées; d'autres n'avaient que de simples toits de chaume, sur lesquels semblaient s'épanouir, par compensation, une multitude de mousses vertes et veloutées, mêlées de touffes de joubarbe à fleurs rouges; puis, toute cette pittoresque rusticité se perdait parmi de grands massifs de platanes, de chênes verts et de peupliers d'Italie, au milieu desquels s'élevait un modeste clocher à aiguille de pierre grise.

Je descendis une rampe sinueuse assez rapide, et bientôt j'arrivai sur la petite place du village : à gauche, je vis la porte du cimetière; à droite, le porche de l'église, et avisant tout près une maison un peu plus grande que les autres, et remarquable seulement par une certaine recherche de propreté, je crus reconnaître le presbytère; je descendis de cheval et je frappai... Je ne m'étais pas trompé.

Une femme, jeune encore, vêtue de noir, horriblement contrefaite, et d'une grande laideur, mais dont la figure me parut avoir une grande expression de bonté, vint m'ouvrir, et me demanda avec un accent méridional très-prononcé ce que je désirais.

« Je viens, madame, — lui dis-je, — voir la propriété qui est à vendre dans le village. M. V., notaire, m'a engagé à voir M. le curé, qui, m'a-t-il dit, est chargé de cette vente.

— Mon frère va revenir tout à l'heure, — me répondit cette femme en soupirant; — et si vous voulez vous reposer en l'attendant, monsieur, veuillez me suivre dans le presbytère. »

J'acceptai cette offre, et, laissant mon guide et ses chevaux, j'entrai dans la maison.

Rien de plus simple, de plus propre, et pourtant de plus pauvre, que l'intérieur de cette humble habitation; mais partout on y retrouvait les traces d'une prévoyance attentive pour son hôte principal. J'accompagnai la sœur du curé dans une salle basse, dont les deux fenêtres à rideaux blancs s'ouvraient sur un petit jardin tout verdoyant ; les meubles modestes de cette chambre reluisaient de propreté ; un seul fauteuil de vieille tapisserie, placé près d'une petite table surmontée d'une bibliothèque de bois noir et d'un Christ en ivoire, semblait la place habituelle du prêtre ; la chaise de sa sœur et son rouet étaient proche de l'autre fenêtre : cette femme s'y assit et se mit à filer sans mot dire.

Craignant qu'elle ne gardât le silence par réserve ou par mesure, et voulant d'ailleurs satisfaire ma curiosité, vivement excitée par le récit de mon guide, je demandai à cette femme s'il y avait longtemps que la propriété était à vendre.

La sœur du prêtre me répondit avec un nouveau soupir : « Elle est à vendre depuis trois mois, monsieur.

— Mais, madame, les propriétaires ne l'habitent plus ?

— Les propriétaires, — me dit-elle avec une grande expression de tristesse ; — non, monsieur, ils ne l'habitent plus. — Et voyant sans doute que j'allais lui adresser une autre question, elle ajouta, les larmes aux yeux : — Excusez-moi, monsieur; mais mon frère vous entretiendra à ce sujet. »

De plus en plus étonné, mais n'osant pas insister, je me rejetai sur quelques banalités, sur la vue, la beauté des sites, etc., etc.

Au bout d'une demi-heure on frappa : c'était le curé; sa sœur alla lui ouvrir, et l'informa sans doute du sujet de ma visite.

Ce prêtre, qui pouvait avoir trente ans, portait le costume sévère de sa condition ; il n'était pas contrefait, mais il ressemblait extrêmement à sa sœur : même laideur, même expression de douceur et de bonté, jointe à une apparence chétive et souffrante, car il était petit, frêle et très-pâle : il avait un accent méridional beaucoup moins prononcé que sa sœur, et ses formes étaient réservées mais polies.

L'abbé m'accueillit avec une sorte de froideur que j'attribuai à sa crainte de ne trouver en moi qu'un importun, attiré seulement par une indiscrète curiosité; car, d'après le peu de mots dits par sa sœur, je comprenais qu'il s'était passé quelque fatal événement dans cette maison, et le curé pouvait supposer que, vaguement instruit à ce sujet, je venais seulement chercher des détails plus circonstanciés.

Désirant le mettre en confiance avec moi, je lui dis franchement que je désirais trouver une propriété très-isolée, très-calme, très-solitaire ; qu'on m'avait parlé de celle qu'on voulait vendre comme remplissant presque toutes ces conditions, et que je venais à lui pour en être sérieusement informé.

La froideur glaciale de l'abbé ne fondit pas à cette ouverture, et, après l'échange de quelques mots insignifiants, il me demanda si je voulais voir la maison.

Je lui répondis que j'étais absolument à ses ordres, et nous nous levâmes pour sortir.

Alors sa sœur prit un paquet de clefs dans une armoire, et les lui remit en disant les larmes aux yeux : « Mon Dieu ! mon Dieu ! Joseph... cela va vous faire bien du mal, car vous n'y êtes pas entré *depuis...* »

Le jeune prêtre lui serra tendrement la main, et répondit avec résignation : « Que voulez-vous, Jeanne !... Il fallait bien que cela arrivât... un jour ou l'autre... »

Nous sortîmes.

Le silence opiniâtre que semblait vouloir garder le curé, à propos d'événements qui irritaient de plus en plus ma curiosité, me fut fort désagréable ; mais sentant que la moindre question sur un sujet qui paraissait affecter si profondément ces deux pauvres créatures serait peut-être cruelle et probablement inutile, je me décidai à demeurer dans toute la rigueur de mon rôle de visiteur et d'acheteur.

Nous sortîmes du presbytère, et, gravissant une rue assez escarpée, nous arrivâmes devant une petite porte, de chaque côté de laquelle s'étendait un long mur très-élevé.

Cette apparence était plus que simple : cette muraille de pierres brutes, seulement jointes par un ciment très-solide, il est vrai, paraissait ruinée ; la porte semblait vermoulue ; mais lorsque, l'abbé l'ayant ouverte, j'entrai dans le paradis caché par ce grand mur, en vérité je compris et admirai plus que jamais le goût si sage, si égoïste et si bien entendu des Orientaux, qui tâchent à rendre les dehors de leurs habitations les plus insignifiants, et souvent même les plus délabrés du monde, tandis qu'au contraire ils en ornent l'intérieur avec le luxe le plus éblouissant et le plus recherché.

Cette habitude m'a toujours semblé charmante, comme contraste d'abord, et puis parce que j'avoue n'avoir jamais bien pénétré le but de ce déploiement extérieur de peintures et de sculptures si généreusement étalées pour les passants, qui répondent d'ordinaire à cette attention délicate en couvrant d'immondices ces beautés architecturales et monumentales, comme on dit. C'est bien un contraste, si l'on veut; mais celui-là ne me plaît pas. En un mot, n'est-il pas de meilleur goût de cacher au contraire une délicieuse retraite, et de jouir ainsi d'un bonheur ignoré, au lieu de s'en pavaner pompeusement aux yeux de chacun, pour exciter l'envie ou la haine de tous ?

Mais pour en revenir au paradis dont j'ai parlé, une fois la petite porte ouverte, j'entrai avec le curé; il la referma soigneusement, et dit : — Ceci, monsieur, est la maison.

Puis, sans doute, absorbé dans ses souvenirs et voulant me donner le loisir de tout examiner, il croisa ses bras sur sa poitrine et il demeura silencieux.

Je l'ai dit, je restai frappé d'étonnement, et le spectacle que j'avais devant les yeux était si ravissant qu'il me fit oublier toute autre préoccupation.

On ne voyait plus une pierre de la muraille de clôture dont j'ai parlé; elle était à l'intérieur absolument cachée par une charmille touffue et par une haute futaie de chênes immenses.

Ensuite, qu'on se figure, située au centre d'une vaste pelouse de gazon, fin, ras, épais et miroité comme un tapis de velours vert, une maison de médiocre grandeur et de la construction la plus irrégulière : au milieu, un corps de logis composé d'un seul rez-de-chaussée ; à droite, une galerie de bois rustique, formant serre-chaude, et aboutissant à une sorte de pavillon qui ne paraissait recevoir du jour que par le haut ; à gauche, en retour du corps de logis du milieu, et plus élevé que lui, une galerie à quatre ogives garnies de vitraux coloriés, et aboutissant à une tourelle très-haute, qui dominait de beaucoup le reste de l'habitation.

Rien de plus simple apparemment que l'ordonnance de ce cottage ; mais ces bâtiments n'en étaient pour ainsi dire que la charpente, que le corps ; car tout son luxe, toute son indicible élégance, tout son éclat, venait de l'innombrable quantité de plantes grimpantes qui, à part l'ouverture des fenêtres, qu'elles envahissaient encore çà et là par une brusque invasion de jasmins et de chèvrefeuilles, couvraient d'un manteau de verdure et de fleurs de mille nuances toutes les murailles treillagées de cette délicieuse demeure, depuis le rez-de-chaussée jusqu'au sommet de la tourelle, qui semblait un immense tronc d'arbre revêtu de lianes.

Puis une épaisse et large corbeille de géraniums rouges, d'héliotropes d'un lilas tendre et de lauriers-roses régnait autour de la base des murs, et cachait sous ses grosses touffes de verdure, émaillées de vives couleurs, les tiges toujours grêles des plantes grimpantes qui épanouissaient plus haut leurs trésors diaprés.

Le lierre d'Écosse, les rosiers, la vigne vierge, les gobéas à clochettes bleues, la clématite à étoiles blanches, entouraient de leurs épais réseaux les piliers de bois rustique qui formaient les montants de la serre chaude, et les supports de l'auvent d'un perron, aussi de bois, à dix marches recouvertes d'une fine natte de Lima ; sur chacune de ces marches était un immense vase de porcelaine du Japon, blanc, rouge et or, renfermant de ces grands cactus à larges pétales pourpres et au calice d'azur ; puis, comme le pied de ces plantes est nu et rugueux, de charmants petits convolvulus de Smyrne, à campanules oranges, les cachaient sous leur broderie verte et or ; enfin ce perron aboutissait à une porte de chêne fort simple, de chaque côté de laquelle étaient deux larges et profonds divans de Chine, faits de joncs et de bambous.

Tel était de ce côté l'aspect véritablement enchanteur de ce cottage, de cette oasis fraîche et parfumée, qui s'épanouissait comme une fleur magnifique et ignorée au fond des solitudes de cette province. Il est impossible d'exprimer par la froide ressource des mots toute la splendeur de ce tableau, qui empruntait à la seule nature son indicible somptuosité. Qui peindra les mille caprices de l'ardente lumière du Midi se jouant sur le vif émail de tant de couleurs? Qui rendra le bruissement harmonieux de la brise qui semblait faire onduler sous ses baisers caressants toutes ces corolles épanouies? et ce parfum sans nom, mélange frais et embaumé de toutes ces senteurs, et cette bonne odeur de mousse et de verdure jointe à l'arome pénétrant et aromatique du laurier, du thym et des arbres verts, qui pourra l'exprimer?...

Mais ce qui est peut-être plus difficile encore, c'est de retracer les mille pensées diverses et accablantes qui me vinrent à l'esprit en contemplant la plus adorable retraite que l'homme rassasié des joies du monde ait jamais pu rêver; car je songeais que, malgré tant de soleil, de verdure et de fleurs, ce délicieux séjour était à cette heure triste, désert, abandonné; qu'un affreux malheur avait sans doute surpris et écrasé ceux qui s'étaient si doucement reposés dans l'avenir. Le choix même d'un endroit si écarté, aussi loin de toute grande ville, ce luxe, cette recherche de bon goût, témoignaient assez que l'habitant de cette demeure espérait y passer peut-être de longues et paisibles années, dans la sérénité méditative de la solitude, seulement chère aux esprits malheureux, désabusés ou pensifs.

Ces idées m'avaient attristé et longtemps absorbé; sortant de cette rêverie, je regardai le curé; il me parut encore plus pâle que de coutume, et semblait profondément réfléchir.

« Rien de plus charmant que cette maison, monsieur! » lui dis-je.

Il tressaillit brusquement, et me répondit avec politesse, mais toujours avec froideur : « *Cela est charmant* en effet, monsieur. — Et poussant un navrant soupir : — Voulez-vous à cette heure visiter l'intérieur de la maison? — ajouta-t-il.

— La maison est-elle meublée, monsieur?

— Oui, monsieur, elle est à vendre ainsi que vous l'allez voir, à part quelques portraits qui seront retirés. » Et il soupira de nouveau.

Nous entrâmes par le perron de verdure dont j'ai parlé.

Cette première pièce était un salon d'attente, éclairé par le haut et rempli de tableaux qui paraissaient d'excellentes copies des meilleurs maîtres italiens; quelques bas-reliefs et quelques statues de marbre d'un goût pur et antique garnissaient les angles de cette salle, et quatre admirables vases grecs étaient remplis de fleurs, hélas! desséchées... car il y avait des fleurs partout, et là elles avaient dû se mêler merveilleusement à ces trésors de l'art.

« Ceci est l'antichambre, monsieur, » me dit le curé.

Nous passâmes, et entrâmes dans une pièce garnie de meubles en bois de noyer, merveilleusement sculptés, dans le goût de la renaissance; quatre grands tableaux de l'école espagnole cachaient la tenture, et des fleurs avaient dû remplir de vastes jardinières placées devant les fenêtres.

Toutes ces pièces étaient petites, mais leurs accessoires étaient du goût le plus élégant.

« Ceci est la salle à manger, » me dit le curé en continuant sa nomenclature glaciale; puis nous arrivâmes par une porte ouverte, et seulement garnie de portières, dans un salon, dont les trois fenêtres s'ouvraient sur la partie du parc que je n'avais pas vue. Le salon, à frises dorées, était tendu de damas ponceau; les meubles, qui paraissaient être de la belle époque du siècle de Louis XIV, étaient aussi dorés; et plusieurs consoles de marqueterie, comblées de magnifiques porcelaines de toutes sortes, complétaient l'ornement de cette pièce. Mais ce qui me plut surtout, c'est que la splendeur de ce luxe, ordinaire dans une ville, contrastait là délicieusement avec la solitude presque sauvage de l'habitation, et surtout avec la nature riante et grandiose qu'on découvrait des fenêtres du salon.

C'était une immense prairie de ce gazon si frais et si vert que j'avais tant admiré; à travers cette pelouse serpentait sans doute la rivière limpide et courante que j'avais plusieurs fois traversée en arrivant à ***; de chaque côté de cette plaine de verdure, s'étendait un grand rideau de chênes et de tilleuls branchus jusqu'à leurs pieds, et deux ou trois bouquets de bouleaux à écorce d'argent étaient jetés çà et là dans cette énorme prairie où paissaient plusieurs vaches suisses de la plus grande beauté; enfin, à l'horizon, dominant plusieurs collines étagées, on voyait se découper hardiment la crête brumeuse et bleuâtre des dernières montagnes qui terminent la chaîne des Pyrénées orientales.

Cette vue était d'une haute magnificence, et, je le répète, cette nature si grandiose, encadrée dans l'or et la soie de ce joli salon, avait un singulier caractère.

« Ceci est le salon, » me dit le curé ; et nous entrâmes alors dans la serre chaude bâtie en bois rustique. On y voyait un grand nombre de belles plantes exotiques, profondément encaissées, de sorte que, l'hiver, cette serre devait avoir l'aspect d'une délicieuse allée de jardin. Devant une porte qui la terminait, le curé s'arrêta ; et au lieu de l'ouvrir, il revint sur ses pas...

Mais lui montrant cette porte de bois, d'un charmant travail gothique, flamand sans doute, et léger comme une dentelle, je dis à l'abbé :

« Où mène cette porte, monsieur ? ne peut-on pas voir cet appartement ?

— On peut le voir, monsieur, si... vous le désirez absolument, — me dit le curé avec une sorte d'impatience douloureuse.

— Sans doute, monsieur, — répondis-je ; car plus j'avançais dans l'examen de cette demeure, plus mon intérêt augmentait. Tout jusqu'alors me révélant, non-seulement l'élégance la plus choisie, mais de nobles habitudes d'art et de poésie, je pensais que jamais un esprit vulgaire n'aurait ni choisi ni embelli sa résidence de la sorte.

— Veuillez donc, monsieur, entrer là sans moi,—me dit l'abbé en me donnant une clef...

— *C'était son...* Puis il reprit : — C'est un salon de travail.

J'y entrai...

Cette pièce, évidemment occupée d'ordinaire par une femme, était demeurée absolument dans l'état où celle qui l'habitait l'avait laissée : sur un métier à tapisserie on voyait une broderie commencée ; plus loin, une harpe devant un pupitre chargé de musique ; sur une table, un flacon et un mouchoir déployé ; un livre ouvert était près d'un panier à ouvrage : je regardai, c'était le deuxième volume d'*Obermann*.

Profondément ému en songeant qu'un malheur affreux et subit avait tranché sans doute une existence qui semblait si poétique et si heureusement occupée, je continuai d'observer avec une dévorante attention tout ce qui m'entourait... Je vis encore une assez grande bibliothèque remplie des meilleurs poètes français, allemands et italiens ; à côté... un chevalet sur lequel était la plus délicieuse ébauche de portrait d'enfant qui se pût voir, une adorable petite figure d'ange de trois ou quatre ans, aux yeux bleus et aux longs cheveux bruns... Je ne sais pourquoi il me sembla follement qu'une mère seule pouvait ainsi peindre... et qu'elle ne pouvait ainsi peindre que son enfant. Toutes ces découvertes, en m'attristant, irritaient de plus en plus mon intérêt et ma curiosité; aussi, je me résolus à tout employer pour pénétrer le secret si opiniâtrement gardé par le curé.

Ce portrait d'enfant, dont j'ai parlé, était placé près d'une des fenêtres qui éclairaient cette pièce; machinalement j'en écartai le rideau. Que vis-je? A une lieue au plus.... la mer !... la Méditerranée !... qui étincelait comme un immense miroir d'azur dans lequel le soleil se serait ardemment reflété.... la mer qu'on voyait entre le versant de deux collines qui s'abaissaient doucement....

Cette vue était magnifique, et je pensais qu'elle devait surtout se révéler dans toutes ses splendeurs à l'âme poétique qui avait laissé dans cette demeure tant de traces touchantes de sa nature noble et élevée.

Un instant je détournai ma vue de ce majestueux spectacle pour la reposer un moment et l'y attacher encore; j'aperçus alors un objet que je n'avais pas encore remarqué : c'était un portrait d'homme posé sur un chevalet recouvert de velours bleu. Dans l'espèce d'ovale que formaient à leur sommet les deux branches de chevalet en se recourbant, je vis un chiffre composé d'un A et d'un R, surmonté d'une couronne de comte. Ce portrait était dessiné au pastel... ayant quelques connaissances en peinture, j'y reconnus facilement la même main qui avait ébauché la figure d'enfant.

La tête, attachée à un col svelte et élégant, se détachait pâle et éclatante d'un fond rouge-brun très-sombre, et des vêtements entièrement noirs coupés, par fantaisie sans doute, à la mode de Van-Dyck.

Cette figure, jeune et hardie, avait un caractère frappant de haute intelligence, de résolution et de grâce que je n'oublierai de ma vie. L'ovale en était allongé, le front haut, proéminent, très-découvert, très-uni, sauf un pli extrêmement prononcé qui séparait les sourcils, dont l'arc, non plus que celui des orbites, semblait presque insensible, tant il était droit; les cheveux châtain-clair, rares, fins et soyeux, et rejetés en arrière, ondoyaient légèrement sur les tempes; les yeux fort grands, fort beaux, d'un brun de velours, à l'iris orangé, semblaient peut-être trop ronds ; mais leur regard fier, profond, méditatif, chargé de pensées, semblait annoncer un esprit de premier ordre ; enfin un nez aquilin et un menton à fossette, saillant, et bien carrément dessiné, auraient donné à cette physionomie une expression hautaine et presque dure, si, contournant des lèvres minces et purpurines, un fin et imperceptible sourire, rempli de charme, n'eût adouci, éclairé pour ainsi dire, ce que quelques parties du visage avaient de trop énergique et de trop accusé.

Depuis quelques minutes, je contemplais cette tête si belle et si expressive, en me demandant si cet homme était le héros de la mystérieuse aventure que je cherchais à pénétrer... Puis je remarquai, à la différence extrême des yeux, qui, chez l'enfant, étaient bleus et longuement fendus, beaucoup de points de ressemblance entre le portrait de cet inconnu et la délicieuse ébauche de figure d'ange qui était auprès.

Mais bientôt j'entendis la voix émue de l'abbé qui, sans entrer, me demandait si j'avais *tout vu et assez vu...*

Je le rejoignis, il ferma la porte, et nous traversâmes de nouveau la galerie. J'y aperçus une chose puérile peut-être, mais qui me serra cruellement le cœur : en un mot, près du salon, était une volière à grillages dorés, dans laquelle je vis morts... plusieurs pauvres petits bengalis et bouvreuils.

Douloureusement oppressé, et de plus en plus intéressé, je voulus mettre le prêtre en confiance, en lui exprimant combien j'étais touché de ce que je voyais, moi qui ne connaissais même pas ceux qui avaient habité ce séjour; mais, soit qu'il ne pût surmonter son émotion, soit qu'il craignît de profaner son chagrin en en confiant la cause à la légèreté d'un étranger, il éluda de nouveau toute ouverture à ce sujet, et me dit avec effort :

« Il ne reste maintenant à voir, monsieur, que la galerie et la tour qui forme un autre cabinet d'étude.

Nous repassâmes dans le salon d'entrée, nous traversâmes une bibliothèque, une longue galerie à vitraux coloriés, remplie de tableaux, de sculptures, de curiosités de toute espèce, et nous arrivâmes à la tour qui communiquait à cette galerie par quelques marches.

J'entrai; cette fois l'abbé m'accompagna résolument, bien que je m'aperçusse que de temps à autre il essuyait de sa main ses yeux humides de larmes.

Dans cette vaste salle ronde, tout révélait des goûts studieux et réfléchis : c'était un ameublement sévère, beaucoup d'armes de prix, quatre grands portraits de famille, qui paraissaient embrasser un intervalle de cinq siècles, bien que séparés par une lacune de près de cent cinquante ans; car le plus ancien des portraits rappelait le costume de guerre de la fin du quatorzième siècle, tandis que les costumes des autres appartenaient seulement aux dix-septième, dix-huitième et dix-neuvième siècles; le portrait le plus récent représentait un homme qui portait l'habit d'officier-général du temps de l'Empire et un cordon rouge en sautoir.

Je remarquai encore beaucoup de cartes et de plans topographiques, chargés de notes abrégées et pour ainsi dire hiéroglyphiques; mais ce qui me frappa vivement, ce fut un portrait de femme, posé sur un chevalet tout pareil à celui que j'avais déjà remarqué; seulement il ne portait pas de couronne à son sommet, on n'y voyait qu'un chiffre composé d'un M et d'un V entrelacés.

Par une savante combinaison du peintre, ce

portrait, peint sur un fond d'or, rappelait, par son caractère magnifiquement naïf, quelques-unes de ces adorables figures de Vierges de l'école italienne, de la fin du seizième siècle ; joignez à cela que tout ce que Raphaël a jamais rêvé de plus candide, de plus pur et de plus suave, dans l'expression de ses madones, rayonnait doucement sur cette divine physionomie : ses cheveux bruns, lisses et brillants se collaient sur son front charmant, ceint d'une petite féronnière d'or... puis, suivant la ligne des tempes d'une blancheur si éblouissante qu'on semblait y voir le réseau bleu des veines, descendaient jusqu'au bas de ses joues, délicatement rosées ; ses grands yeux bleus, d'une sérénité pensive et presque mélancolique, semblaient me suivre de leur long regard, à la fois calme, noble et bon ; ses lèvres, d'un pâle incarnat, ne souriaient pas, mais elles avaient une expression de grâce sérieuse, réfléchie, impossible à rendre, et leur coupe, ainsi que celle du nez droit et mince, était d'une beauté exquise et d'une pureté antique ; enfin, une sorte de tunique d'un bleu très-tendre, qui, laissant à peine voir la neige des épaules, se nouait autour d'une taille de la plus rare élégance par un cercle d'or bruni, complétait ce portrait, on le répète, d'une naïveté pleine d'élévation, de charme et de poésie.

A force d'examiner curieusement ces traits d'une perfection si idéale, je trouvai dans le regard une expression qui me rappela la figure d'enfant; car je me souviens que les yeux de cet ange étaient aussi très-grands et d'un bleu limpide et profond, mais que le bas de son visage et son vaste front rappelaient davantage le portrait d'homme qui m'avait tant frappé.

Je ne sais pourquoi je m'imaginai que cet enfant appartenait à ces deux personnes; mais où était-il? où étaient à cette heure son père et sa mère : son père, d'une beauté si fière et si résolue ; sa mère, d'une beauté si douce et si pure ?

Etait-ce lui ? était-ce elle ? était-ce tous deux, tous trois, qu'un épouvantable malheur avait frappés ?

« Oh ! me disais-je, si les dehors tant expressifs de la physionomie ne trompent pas, dans quel Éden enivrant devaient vivre ces deux nobles créatures ! Pouvoir vivre ainsi avec un enfant adoré, au milieu de cette délicieuse et profonde solitude, embellie par les trésors de la nature et de l'art !

» Avoir assez la conscience du bonheur et du

beau pour s'isoler au milieu d'un monde de génies de toutes sortes ! Pouvoir, quand la voix du cœur se tait, jouir en silence de cette extase recueillie, et se distraire de ces délices par d'autres délices; se parler encore d'amour par la voix sublime des divins poètes de tous les âges, ou par l'harmonie céleste des grands maîtres, mélodie ravissante qu'une main chérie fait vibrer à votre oreille; comparer enfin l'exquise beauté qu'on idolâtre, l'expression inimitable de ses traits, à tous les prodiges de l'art, et se dire avec orgueil : Elle est plus belle !! pouvoir en un mot puiser sans cesse à cette triple source de poésie, et voir son amour, fécondé par cette divine rosée, fleurir chaque jour plus radieux et plus épanoui ! glorifier enfin le Créateur de toutes choses, dans la félicité que nous sentons, dans la femme que nous aimons ! dans les magnificences dont nos yeux et notre âme sont éblouis, oh ! voilà sans doute, me disais-je, voilà la magnifique existence que menaient ces deux êtres ! »

Mais la voix brève et triste de l'abbé me rappela de ces idéalités.

Je tressaillis, et je le suivis, bien décidé à pénétrer ce secret.

Bientôt le soleil s'obscurcit ; la matinée, qui

avait été fort belle, s'assombrit; le ciel se chargea de nuages, quelques gouttes d'eau tombèrent.

« Il n'y a pas d'auberge ici, — me dit le curé; — vous êtes à cheval, monsieur, le temps menace d'un orage de montagne, et, si l'ouragan est fort, la petite rivière que vous avez trouvée guéable deviendra, pendant quelques heures, un torrent rapide; veuillez donc accepter une pauvre hospitalité dans le presbytère jusqu'à ce que la tourmente soit apaisée : votre guide et ses chevaux trouveront place dans la grange.

J'acceptai, ravi de cette offre qui pouvait servir ma curiosité : nous rentrâmes.

« Eh bien, Joseph? dit Jeanne au curé d'un air profondément ému.

— Hélas! Jeanne, que la volonté de Dieu soit faite! mais j'ai bien souffert, et je n'ai pas eu le courage d'entrer *chez elle...* »

Jeanne essuya une larme, et alla s'occuper des moyens de me recevoir aussi bien que possible dans cette modeste demeure.

Bientôt l'orage éclata avec tant de violence, que je me décidai à passer la nuit au presbytère de ***.

CHAPITRE III.

LE RÉCIT.

Après trois jours passés au presbytère de ***, j'avais fait assez de progrès dans la confiance du curé pour qu'il s'ouvrît entièrement à moi sur ce qu'il savait de l'histoire des hôtes qui m'intéressaient si singulièrement ; je tâche de rendre ici son grave et simple langage.

« Il y avait quatre ans, monsieur, me dit-il, que je desservais cette petite paroisse, lorsque l'habitation que nous avons visitée fut achetée par procuration de M. le comte Arthur de ***, dont vous avez vu le portrait ; quant à son nom de famille, je l'ignore : tout ce que je puis présumer, c'est que le comte était d'une noble et ancienne maison, à en juger, du moins, par son titre, et le culte presque religieux que je lui ai souvent vu professer pour les antiques portraits qui garnissaient son cabinet.

Avant que le comte Arthur (car je ne l'ai jamais entendu nommer autrement) n'arrivât dans ce village, il y fut précédé par un homme de confiance, accompagné d'un architecte et de plusieurs ouvriers de Paris, qui firent de la demeure commune et sans élégance qui existait la charmante habitation que vous avez admirée. Ces travaux terminés, les ouvriers partirent, et l'homme de confiance resta seul en attendant son maître. Bien que fort éloigné par position et par caractère de m'informer des gens qui venaient demeurer dans ce pauvre village, je ne pus empêcher certaines rumeurs, répandues sans doute par les ouvriers du dehors, d'arriver jusqu'à moi ; selon ces bruits, le comte, qui était fort riche, venait habiter parmi nous avec une femme... qui n'était pas la sienne... D'ailleurs, l'existence de ce gentilhomme avait été, disait-on, d'une immoralité si scandaleuse et si effrénée, que, sans être positivement obligé de se séquestrer du monde, la sorte de répulsion qu'il inspirait, à cause de certaines aventures, avait été telle qu'il s'était cru obligé de vivre désormais dans la solitude.

Vous concevrez sans doute, monsieur, que ma première impression dut être, sinon hostile, du moins extrêmement défavorable à cet étranger, que je ne connaissais pas, il est vrai, mais qui allait, dans la supposition où ces bruits avaient quelques fondements, qui allait, dis-je, donner ici un exemple funeste, parce qu'aux yeux de nos pauvres montagnards, le rang et la fortune de ces nouveaux venus devaient sembler autoriser leur conduite coupable.

Ces pensées me mirent donc en grande défiance contre le comte, et je me promis bien que si, par un hasard peu probable, ce dernier me faisait quelques avances personnelles, de protester du moins, par ma sévère et inexorable froideur, contre l'immoralité d'une existence aussi condamnable.

Ce fut donc, il y a deux ans passés que le comte s'établit ici, avec une jeune femme et un enfant dont vous avez vu les portraits. — Quelques jours après, je reçus un billet de lui, dans lequel il me demandait la grâce d'un moment d'entretien. Je ne pouvais refuser, et le comte se présenta chez moi. Bien que ma résolution, mes habitudes, mon caractère, mes principes, et une sorte de façon d'envisager certaines choses et certains hommes, dussent me prévenir extrêmement contre ce dernier, je ne pus m'empêcher d'être frappé d'abord de son extérieur remarquable, car c'est son portrait que vous avez vu, monsieur; puis aussi de ses manières graves, polies et élevées, et surtout de l'étendue et de la noblesse de son esprit, qui se révéla dans la longue conversation que nous eûmes ensemble ce premier jour.

Il commença par me dire que, venant habiter le village de ***, il considérait comme un devoir et un plaisir pour lui de me venir visiter, et qu'il m'aurait la plus grande obligation de vouloir bien régler l'emploi d'une somme de vingt-cinq louis par mois qu'il mettait à ma disposition pour subvenir, soit à l'assistance des pauvres de cette paroisse, soit aux améliorations que je pouvais juger nécessaires, me priant aussi de m'entendre avec le médecin du village, qui souvent, ajouta-t-il, connaissait des misères et des souffrances que nous autres ministres ignorions ; il me suppliait, enfin, de croire que toute demande destinée à alléger quelques peines ou à prévenir quelque malheur serait accueillie et accordée par lui avec le plus vif empressement.

Que vous dirai-je, monsieur ! Le comte montra une philanthropie si sage, si haute, si profondément éclairée, que malgré mes préventions je ne pus m'empêcher d'être frappé d'étonnement et presque d'admiration en voyant qu'un homme si jeune encore, et qui avait, disait-on, cruellement abusé de toutes les voluptés des riches et des heureux de la terre, eût une connaissance si triste et si vraie des douleurs et des misères obscures, et de ce qu'on devait faire ou tenter pour les soulager ou les consoler sûrement.

Mais, hélas! à la fin de cette conversation qui m'avait tenu sous un charme inexplicable et contre lequel, je l'avoue, j'avais longtemps lutté, mes préventions revinrent plus fortes que jamais ; et je ne sais à cette heure si je dois m'en glorifier ou en rougir, car le comte m'avoua sans honte, comme sans jactance impie, *qu'il n'était pas de* nos religions ; mais qu'il les respectait néanmoins trop pour s'en jouer, et que c'est à cette raison seule que je devais attribuer le motif qui l'empêchait de se rendre jamais à l'église.

Que voulait dire le comte par ces mots, qu'il *n'était pas de* nos religions ? Je l'ignore encore. Voulait-il parler des religions d'Europe ? Entendait-il par là qu'il n'était ni catholique, ni protestant, ni d'aucune des autres sectes dissidentes qui, divergeant du catholicisme, y tiennent toujours par une racine chrétienne ? Je l'ignore encore à cette heure, bien que, hélas! j'aie vu le comte à une épouvantable épreuve !...

Mais, ainsi que je vous le disais, monsieur, cette résolution de ne jamais assister ni prendre part à nos saints mystères m'indigna ; je n'y vis d'abord qu'un dédaigneux prétexte, destiné à voiler une indifférence ou un éloignement coupable ; comme aussi je ne vis plus qu'une commisération, presque sans mérite, dans la fastueuse aumône que sa brillante position de fortune le mettait à même de faire sans s'imposer de privations.

J'eus tort, car il ne s'était pas borné à me donner sèchement de l'or : il m'avait longuement entretenu des misères du pauvre, et cherché avec moi le meilleur moyen de lui être utile ; mais, je vous le répète, son manque de foi à notre religion me rendit injuste... oh ! bien injuste, comme vous l'allez voir, car je fis retomber le coup de ma sainte indignation sur une personne complétement innocente.

Le dimanche qui suivit mon entretien avec le comte, je vis agenouillée dans l'église la jeune femme qui habitait avec lui, et qui ne portait pas, disait-on, son nom. Ceci était vrai ; d'ailleurs, je l'ai su depuis. Cette liaison était coupable aux yeux de Dieu et des hommes ;

mais, hélas ! si le crime de ces infortunés fut grand, leur châtiment fut terrible !

Pardonnez-moi si je m'attendris à ce souvenir. Je vous disais donc, — reprit l'abbé en essuyant ses larmes, — que je vis, un dimanche, cette dame agenouillée dans l'église : je montai en chaire, et j'allai jusqu'à faire des allusions directes, cruelles même, dans le sermon que je prononçai, contre la détestable immoralité des grands et des riches de la terre, qui pensaient, ajoutai-je, atténuer leurs fautes en jetant aux pauvres une dédaigneuse aumône ; j'exaltai le malheureux qui prie, croit, et partage le pain dont il a faim avec un plus misérable que lui ; et je trouvai à peine un froid éloge à donner au riche, pour qui la bienfaisance n'est qu'une superfluité facile. Je fis plus, j'exaltai de nouveau la paisible et vertueuse existence du pauvre qui cherche l'oubli de ses maux dans la douceur d'un lien béni par Dieu, et je m'élevai violemment contre les riches qui semblent fouler aux pieds toute morale reçue, et trouver une sorte de méchant plaisir à braver ainsi les devoirs qu'ils regardent, dans leur orgueil impie, comme indignes d'eux, et bons, disent-ils, pour les misérables !...

Ah! monsieur, je ne puis me reprocher l'amertume de ces paroles, car elles exprimaient mon horreur contre une conduite que je trouve à cette heure aussi criminelle qu'alors ; et pourtant, depuis, j'ai eu la faiblesse de m'en repentir... Enfin ce jour-là, en entendant ces mots, auxquels mon indignation prêtait une grande énergie, tous les yeux de nos montagnards se tournèrent aussitôt vers cette malheureuse femme, humblement agenouillée parmi eux : sa tête se courba davantage ; elle ramena les plis de son voile sur son visage, et il me parut, à quelques mouvements saccadés de ses épaules, qu'elle pleurait beaucoup... Je triomphai, car je pensais avoir éveillé le remords, peut-être endormi jusqu'alors, dans une âme coupable. Le service divin terminé, je rentrai au presbytère.

Sans rien redouter de la colère du comte, qui pouvait se croire offensé de ces allusions, j'étais néanmoins préoccupé malgré moi de ce qu'il en pouvait penser. Le lendemain, il me vint voir. Quand ma sœur m'annonça sa visite, je ne pus me défendre d'une certaine émotion ; mais je trouvai son accueil aussi bienveillant que d'habitude : il ne me dit pas un mot du sermon de la veille, causa longuement avec moi des besoins de nos pauvres, et me parla d'un projet qu'il avait d'établir une école pour les enfants sous ma direction, me communiqua ses idées à ce sujet, établit une sage et remarquable distinction entre l'éducation qu'on doit donner aux gens voués aux travaux physiques et celle que doivent recevoir les gens destinés aux professions libérales; et déployant, dans cette conversation qui me tint de nouveau sous le charme, les vues les plus hautes et les plus étendues, il montra l'esprit le plus mûr et le plus droit, puis me quitta.

Hélas! monsieur, les misères et les faiblesses de notre nature sont tellement inexplicables, que je fus presque blessé de l'indifférence apparente du comte au sujet de mon sermon, au lieu de voir dans sa conduite mesurée une respectueuse soumission aux devoirs que m'imposaient mes convictions et mon caractère.

Peu de temps après une des grandes fêtes de l'église approchait; je m'y rendais un jour pour y entendre la confession de nos montagnards, lorsque, en allant à mon confessionnal, je vis parmi les paysans cette même femme, humblement agenouillée comme eux sur la pierre humide et dure : elle attendit là longtemps, et vint à son tour au tribunal de la pénitence. J'étais loin d'être indulgent pour nos paysans, mais je ne sais pourquoi je me sentis disposé à être plus sévère encore pour une personne que son rang paraissait mettre au-dessus d'eux. La voix de cette dame était tremblante, émue, son accent timide et doux; et sans trahir ici un de nos plus grands, un de nos plus sacrés mystères, puisque, hélas! monsieur, je ne vous apprends que des faits maintenant publics et mis en évidence par un effroyable événement, je reconnus, dès ce jour et dans la suite des temps, l'âme la plus noble et la plus repentante, mais aussi la plus faible et la plus criminelle sous le rapport de son attachement coupable pour le comte... attachement qui me parut tenir d'une exaltation que j'oserais appeler sainte et religieuse si je ne craignais de profaner ces mots.

Que vous dire de plus, monsieur! Au bout de six mois de séjour dans nos contrées, le comte et cette dame, que nos montagnards appelèrent bientôt, dans la naïveté de leur reconnaissance, l'*Ange Marie* (car personne ne l'entendit jamais appeler autrement que Marie); le comte et cette dame avaient été si charitables que nous ne comptions plus un malheureux dans cette paroisse; et bien plus, telle était l'étrange confiance que la bienfaisance inépuisable et éclairée de cette âme si belle avait donnée à nos montagnards, que si quelquefois je leur représentais la dangereuse témérité de leurs chasses périlleuses, en leur rappelant quel serait le triste avenir de leur famille s'ils venaient à périr, ils me répondaient : *Mon père, l'Ange Marie y pourvoira !* En un mot, cette dame était devenue la Providence de ce village, et l'on y comptait comme sur celle de Dieu. Au bout d'un an, cette personne si aimée, si bénie, tomba gravement malade ; à cette nouvelle, je ne vous dirai pas, monsieur, les craintes, le désespoir de nos paysans, les prières, les *ex-voto* qu'ils firent pour elle, la désolation qui régna dans ce village.

Craignant de compromettre la rigoureuse sévérité de mon caractère, bien que le comte fût venu presque chaque jour me voir, je n'étais jamais allé chez lui ; mais lorsque cette dame fut très-malade, elle me demanda, et le comte vint me supplier de me rendre auprès d'elle : je ne pus m'en dispenser. Je la trouvai presque mourante...

Ce fut un moment terrible ; jamais sa piété ne se révéla plus fervente et plus profonde à mon âme attendrie. Je la consolai, je l'exhortai ;

pendant huit jours elle donna les plus cruelles inquiétudes ; enfin sa jeunesse la sauva.

Je ne vous parle pas non plus, monsieur, de l'affreuse anxiété du comte pendant cette maladie. Une nuit surtout, qu'on désespérait de cette dame, il m'épouvanta... car, par quelques mots qui lui échappèrent... je compris que cette mort qu'il redoutait aurait pu le précipiter de nouveau de la sphère des plus généreux sentiments... dans l'abîme de la plus grande perversité, et dans ce moment je crus à la réalité de tous les bruits qui avaient couru sur le comte.

Enfin, l'Ange Marie revint à la santé ; peu à peu la beauté reflorit sur ce noble et charmant visage, où luttaient sans cesse le remords d'une grande faute et la conscience d'un bonheur assez grand pour lutter incessamment contre ce remords... Hélas! monsieur, j'avais pris la résolution de ne pas retourner dans cette maison, craignant, je vous l'ai dit, de compromettre la gravité de mon caractère ; et pourtant j'y retournai... Sans doute, je fus coupable, mais peut-être trouverai-je une excuse aux yeux de Dieu, car cette femme et le comte étaient si charitables aux malheureux! Grâce à lui, grâce à elle, je pouvais secourir tant de misères, que Dieu me pardonnera, je l'espère, de n'avoir pas repoussé la main qui répandait ses aumônes avec tant de discernement et de bonté!... Et puis encore, moi, pauvre prêtre, j'aimais la science, l'étude, et il n'y avait personne dans ce village avec qui je pusse m'entretenir, tandis que je trouvais dans le comte une des plus hautes intelligences que j'aie, je ne dirai pas connues, car j'ai bien peu expérimenté les hommes et la vie, mais que j'aie, si cela se peut dire, rencontrées dans les livres. Ses connaissances étaient vastes, profondes, presque universelles; il paraissait avoir beaucoup vu et voyagé, et ne pas être demeuré étranger aux affaires publiques, car il résumait les rares questions politiques que le hasard amenait dans nos conversations avec une puissante et énergique concision; son jugement était clair, perçant, allant droit au fond des choses, mais étrange et singulier en cela, qu'il paraissait dégagé, soit par réflexion, soit par indifférence, soit par mépris, de tout préjugé, de toute sympathie de cause ou de caste : cela était quelquefois bien effrayant d'impartialité, je vous l'assure, monsieur... Mais ce qui m'épouvantait toujours pour le comte, c'est que jamais je ne lui entendis prononcer un seul mot qui annonçât la moindre foi religieuse.

Bien qu'il fût comme tacitement convenu entre nous de ne jamais aborder ces formidables questions, si dans le cours de l'entretien il lui échappait quelques paroles à ce sujet, elles semblaient si froidement désintéressées, que j'eusse peut-être préféré, pour son salut, une attaque ou une négation à propos de ces éternelles vérités ; car sa conversion à des principes religieux m'eût peut-être semblé possible un jour, tandis que cette indifférence de glace semblait ne laisser aucun espoir.

Et pourtant sa conduite pratique était la plus ample et la plus magnifique application des principes du christianisme ; c'en était l'esprit sans la lettre. Jamais non plus je n'entendis entre lui et l'*Ange Marie* aucune conversation religieuse, bien que leur enfant fût pieusement élevé par sa mère dans notre croyance. Souvent néanmoins, j'ai vu le comte les yeux mouillés de larmes, lorsque celle qu'il aimait, joignant les mains de ce petit ange, lui faisait prier Dieu ; mais le comte était, je pense, monsieur, plus touché de la délicieuse figure de cet enfant, et des accents ingénus de sa voix, que des pensées religieuses qu'elle exprimait.

Cette dame avait aussi une instruction solide et variée, un esprit remarquable, et surtout une sorte d'ineffable indulgence qui s'étendait à tous. Si le comte, avec sa parole souvent acerbe et mordante, attaquait quelque caractère ou quelque fait historique ou contemporain... elle cherchait toujours à trouver dans le caractère le plus noir, dans le fait le plus triste, un bon instinct ou un sentiment généreux qui les excusât un peu... Alors les larmes me venaient aux yeux, en songeant que c'était sans doute un cruel retour sur elle-même, un remords incessant, qui rendait cette pauvre femme si bienveillante à tous, comme si elle eût, hélas! senti qu'étant bien coupable elle-même, il ne lui était permis d'accuser personne...

Et le comte, monsieur, si vous saviez avec quelle profonde et presque respectueuse tendresse il lui parlait! comme il l'écoutait! avec quelle délicate fierté il savait apprécier et faire ressortir tout ce qu'il y avait de noble et de grand dans l'esprit et dans le cœur de celle qu'il aimait tant! combien son visage devenait radieux en la contemplant! Que de fois je l'ai vu la regarder ainsi longtemps en silence, et puis tout à coup, comme si les mots lui eussent manqué pour peindre ce qu'il ressentait, lever les yeux au ciel en joignant les mains

avec un geste, avec une expression de bonheur
et d'admiration impossible à rendre.

Ah! monsieur, que de longues et douces soirées j'ai ainsi passées dans l'intimité de ces deux personnes à la fois si coupables et si vertueuses!... Que de fois ce fatal et bizarre contraste a confondu ma raison! Que de fois, l'été, le soir, en les quittant, au lieu de rentrer au presbytère, j'allai me promener sur nos montagnes, pour méditer plus en silence, plus sous l'œil de Dieu, si cela se peut dire!! « O Seigneur!... m'écriais-je, tes vues sont impénétrables!... Cette femme est adultère et criminelle; elle a la conscience de sa faute, puisqu'elle pleure incessamment sa faute; elle est bien coupable sans doute à tes yeux et à ceux des hommes! et pourtant quelle vie plus exemplaire, plus bienfaisante, plus pratiquement touchante et vertueuse que la sienne? Combien de fois aussi l'ai-je entendue chanter des hymnes en ton nom! sa voix annonçait une foi si profonde et si religieuse que cette foi ne pouvait être feinte!... O mon Dieu! qu'est-ce donc que le vice et le crime, quand ils revêtent ces dangereuses apparences? Faut-il les haïr davantage? faut-il les plaindre? faut-il plutôt leur pardonner? Et lui, cet homme étrange, qui, dit-il, *n'est pas de nos religions!* quelle est donc la sienne, à lui? quelle est donc cette religion ignorée qui lui impose une vie si généreuse et si bienfaisante? qui le rend si bon, qui le fait chérir et bénir de tous? A quelle source inconnue a-t-il donc puisé ces principes d'une charité si intelligente et si élevée? Et pourtant on dit qu'il n'a rien respecté de ce qui était saint et sacré aux yeux des hommes, qu'il l'a foulé aux pieds et méprisé... Et cela est... car son amour d'aujourd'hui est criminel... et autrefois il a été bien plus terriblement coupable encore... je le crois; car de même que la lueur de la foudre fait quelquefois entrevoir toute l'immensité d'un abîme, de même aussi, à ce moment terrible où il tremblait de perdre cette femme... j'ai un instant pu pénétrer les profondeurs de son âme, et j'ai pâli de terreur... Et pourtant la noblesse de ses sentiments ne s'est jamais démentie. O mon Dieu! que tes vues sont impénétrables! répétais-je plus indécis que jamais, en m'humiliant toujours devant les mystérieux desseins de la Divinité, car bientôt je devais avoir une terrible preuve que sa formidable justice sait atteindre inexorablement les coupables.

Hélas! monsieur, mon récit approche de sa

fin, et cette fin est épouvantable... C'était, il y a trois mois, un soir ; je causais avec ma sœur d'un fait qui me semblait très-inquiétant : deux paysans assuraient avoir vu un vieillard à cheveux blancs et à sourcils noirs, au teint cuivré, mais d'une vigueur rare pour son âge, escalader le mur du parc de la maison du comte ; puis, que peu de temps après ils avaient entendu deux coups de feu. Je me disposais à aller m'informer moi-même de ce qui en était, lorsqu'on vint me chercher à la hâte pour me rendre chez le comte. Ah! monsieur, jugez de ma terreur !... je trouvai lui et elle, chacun percé d'une balle... Un des deux coups de feu avait aussi atteint leur pauvre petit enfant, qui était mort et paraissait endormi dans son berceau.

Le comte n'avait pas deux minutes à vivre ; ses derniers mots furent ceux-ci : « Marie vous dira tout... Donnez-lui vos soins... » Puis, il se retourna vers elle et dit : « Adieu... Marie !... hélas !... c'est pour toujours !... Ah ! c'est ma faute ! SI JE VOUS AVAIS CRUE... POURTANT !!! » Et il mourut.

Elle lui survécut à peine d'un quart d'heure ; et avant d'expirer, elle me confia le secret de cette terrible aventure, afin d'éclairer la justice et d'empêcher d'accuser ou d'inquiéter des innocents.

En un mot, ainsi que vous l'avez peut-être déjà pénétré, monsieur, le vieillard était le mari de cette infortunée : usant du terrible droit que lui donne la loi, trouvant sa femme et le comte assis près du berceau de leur fils, il les avait tirés tous deux à bout portant ; une balle avait du même coup tué la mère et le malheureux enfant...

— Mais ce vieillard, qu'est-il devenu ? demandai-je au curé, dont la narration m'avait si douloureusement impressionné.

— Je l'ignore, monsieur ; tout ce que j'ai su, c'est qu'un petit bâtiment génois, mouillé depuis huit jours proche de la côte, à une lieue d'ici, avait, le soir même de ce triple meurtre, mis à la voile. » . . . .

On conçoit l'intérêt que fit naître en moi cette narration, et on comprendra peut-être aussi qu'instruit de ce terrible événement, je ne pus me résoudre à acquérir cette demeure, où devaient toujours vivre d'aussi affreux souvenirs, et qui alors me sembla maudite.

Je restai au presbytère jusqu'au moment où, le délai de la vente à l'amiable étant passé, cette habitation fatale fut adjugée à un négociant retiré, qui trouvant le mobilier *gothique* le vendit à l'encan.

Pour souvenir de cette triste aventure, j'achetai à cette vente la harpe de Marie, un meuble en marqueterie, provenant du cabinet du comte, et quelques objets de peu de valeur, que je priai le curé d'accepter ; car selon la volonté du comte, qu'on trouva consignée dans son testament, à l'exception de tous les portraits, qui furent brûlés, le prix de la maison et de ses dépendances devait appartenir à la commune de *** et être employé à secourir les pauvres.

Je quittai ce village, bien préoccupé de ce récit ; j'avais envoyé chez moi le meuble de marqueterie que j'avais acheté à ***.

Un jour que je l'examinais avec une triste curiosité, j'y découvris un double fond ; dans ce secret, je trouvai un assez volumineux manuscrit : c'était le journal du comte...

Ces fragments m'ont paru remarquables par leur esprit d'analyse et par une succession d'aventures d'une donnée fort simple, fort naturelle, et digne peut-être d'intérêt et d'étude, en cela qu'elles retracent des faits communs à la vie de presque tous les hommes.

Ce sont ces fragments qui vont suivre et que

je donne dans toute la naïveté de l'étrange scepticisme qu'ils dévoilent.

Ces sortes de mémoires embrassent une période de douze années.

Bien qu'ils racontent la vie de cet inconnu depuis l'âge de vingt ans, et qu'ils semblent par la date se continuer jusqu'au jour qui précéda sa fin, on voit par une note que le récit des sept premières années fut écrit par le comte, seulement environ cinq ans avant sa mort, tandis que les cinq dernières années sont au contraire écrites comme un journal, presque jour par jour, et selon les événements.

L'écriture de ce journal était fine, correcte, souvent courante et hâtée, comme si la main et la pensée eussent été souvent emportées par l'entraînement des souvenirs. D'autres fois elle était pour ainsi dire calme et acérée, comme si une main de fer l'eût tracée. Sur les marges de ce manuscrit on voyait une infinité de portraits, de silhouettes, esquissés à la plume avec autant de facilité que de grâce, et qui devaient être d'une ressemblance frappante ; enfin, intercalées dans le récit, on trouve çà et là un assez grand nombre de lettres d'écritures différentes qui étaient pour ainsi dire les pièces justificatives de ce singulier manuscrit.

JOURNAL D'UN INCONNU.

HÉLÈNE.

CHAPITRE IV.

LE DEUIL.

J'avais vingt ans; je revenais d'un long voyage en Espagne et en Angleterre, entrepris sous la direction de mon précepteur, homme sage, modeste, ferme et éclairé. A mon retour à Serval, terre dans laquelle mon père s'était retiré depuis longues années, je trouvai ce dernier gravement malade; je n'oublierai de ma vie le spectacle qui me frappa lors de mon arrivée.

Ce château, extrêmement retiré et dominant un chétif village, s'élevait solitairement sur la lisière d'une grande forêt; c'était un vaste et gothique édifice de briques noircies par le temps; son intérieur se composait de grands appartements sonores, et peu éclairés par leurs longues fenêtres à petits carreaux ; nos gens portaient le deuil de ma mère, que j'avais perdue pendant mon voyage ; presque tous étaient de vieux domestiques de la maison, et rien de plus lugubre que de les voir vêtus de noir, marchant silencieusement dans ces pièces sombres et immenses, se détacher à peine de leur fond rouge ou vert foncé, couleur de toutes les tentures de cette antique habitation.

En descendant de voiture, je fus reçu par le valet de chambre de mon père ; il ne me dit pas un mot, mais ses yeux étaient baignés de larmes. Je le suivis ; je traversai une longue galerie, la terreur de mes nuits d'enfance, comme elle en était la joie durant le jour. Je trouvai mon père dans son cabinet : il voulut se lever pour m'embrasser ; mais, ses forces lui manquant, il ne put que me tendre les bras.

Il me parut affreusement changé : je l'avais quitté encore alerte et vigoureux ; je le trouvai faible et abattu : sa grande taille s'était voûtée, son embonpoint avait disparu ; il était pâle, défait, et une sorte de sourire convulsif et nerveux, causé par la continuité de ses douleurs, donnait à sa physionomie haute et sévère une indicible expression de souffrance habituelle.

J'avais toujours beaucoup redouté mon père. Son esprit était vaste, sérieux, réfléchi, concentré, et çà et là, par accès, froidement ironique ; son savoir prodigieux en toutes sortes de matières, son caractère absolu, ses habitudes graves, pensives et taciturnes, son abord glacial, ses principes d'une rare solidité, sa bonté pour moi extrême en fait, mais nullement démonstrative : aussi m'inspirait-il plutôt une vénération profonde et craintive, une gratitude respectueuse, qu'une affection confiante et expansive, comme celle que je ressentais pour ma mère.

Ayant quitté le service de bonne heure, malgré les instances de Napoléon, qui aimait sa volonté de fer et son infatigable activité, mon père avait presque toujours vécu dans ses terres, mais, chose étrange ! sans jamais y recevoir personne. La terreur de 93 avait tellement diminué notre famille, qu'excepté une sœur de mon père; nous n'avions plus de parents, mais seulement des alliés fort éloignés, que nous ne voyions pas.

Maintenant que l'âge et l'expérience me permettent d'apprécier et de comparer mes souvenirs, mon père reste à mes yeux le seul homme véritablement misanthrope que j'aie jamais rencontré; car il n'était pas de ces misanthropes qui recherchent les hommes pour leur dire chaque jour qu'ils les détestent et qu'ils veulent les fuir, mais un misanthrope qui avait rompu absolument avec eux. Aussi, j'ai beau interroger mes souvenirs d'enfance et de jeunesse, je ne me souviens pas d'avoir vu à mon père un ami, ou même ce qu'on appelle une simple connaissance. Ma mère, ma tante et ma cousine Hélène, plus jeune que moi de trois années, étaient les seules personnes qui, de temps à autre, nous vinssent visiter : cela n'est pas une exagération, ma mère me l'a dit; pendant près de trente années que mon père vécut à Serval... pas un étranger n'y parut.

Mon père chassait beaucoup, mais seul; il aimait passionnément les chevaux et aussi la grande agriculture. Ces occupations et celles de mon éducation, qu'il fit lui-même, jusqu'à ce qu'il m'eût mis entre les mains d'un précepteur pour voyager, employaient presque tous ses instants; puis ses biens étant considérables, et n'ayant jamais voulu d'intendant, secondé par ma mère, dont l'esprit d'ordre était extrême, il s'occupait d'administrer sa fortune lui-même; enfin la lecture, des expériences scientifiques, et surtout de longues promenades solitaires, complétaient ses journées.

Lorsque je partis pour ce funeste voyage pendant lequel je devais la perdre, ma mère ayant eu en songe comme un pressentiment de cette fatalité, me le dit; mais nous le cachâmes à mon père : non qu'elle le craignît, mais il lui avait toujours imposé beaucoup par la gravité de son esprit, et elle redoutait surtout son ironie sévère, qui n'épargnait jamais les sentiments poétiques, exagérés ou romanesques.

Je ne pus donc embrasser ma mère une dernière fois : je ne parle pas de mes regrets; c'était la seule personne au monde à laquelle j'osasse tout dire et tout confier. Ma tante et sa fille Hélène étaient venues habiter Serval depuis la mort de ma mère, et cela presque malgré mon père; car, bien que sa santé parût s'altérer de plus en plus, son besoin habituel de solitude et de silence avait encore augmenté.

Je menais alors une vie bien triste et bien déchirante pour mon cœur : le matin, mon père me faisait venir auprès de son lit; son valet de chambre lui apportait un grand coffre, où étaient renfermés les registres qui contenaient l'administration de nos biens, et chaque jour il me mettait au courant de toutes ses affaires avec une clarté froide qui me glaçait ; plus tard, il me fit lire son testament avec la même apparence d'insensibilité ; les sanglots me suffoquaient, il ne semblait pas s'en apercevoir ; il terminait d'ordinaire cette sorte d'initiation au gouvernement futur de la fortune qu'il me laissait, par quelques enseignements faits d'une voix brève, et interrompue par de longs silences.

Ces enseignements révélaient le jugement le plus droit, le plus sûr, et aussi la connaissance la plus réelle et la plus approfondie des misères, ou plutôt de ce qu'il appelait les *nécessités morales* de la condition humaine ; car un trait bien frappant du caractère de mon père était une manière de voir étrangement calme et désintéressée à propos des faiblesses inhérentes à notre espèce, selon lui, puisqu'on était obligé d'admettre, comme conséquents à notre organisation morale, certains faits, certains instincts bas ou égoïstes, auxquels les nobles caractères ne pouvaient échapper ; il trouvait aussi inutile de cacher ou de nier cette plaie que de blâmer les hommes d'en être atteints.

Ainsi, lui demandait-on un service, il déduisait à soi ou à son obligé les raisons qui généralement amènent l'ingratitude, puis néanmoins rendait le service avec une bienveillance toute parfaite.

En résumé, le sens moral des entretiens que j'avais avec lui, et qui de sa part se composaient de phrases courtes, concises et nerveuses, affirmait : — « que le pivot de tout étant l'or, puisque les plus beaux caractères, une fois aux prises avec le besoin, s'avilissaient quelquefois jusqu'à l'infamie, il fallait rester riche, pour être sûr de rester honnête homme ; — que tout dévouement avait son arrière-pensée ; — que tout homme était corruptible, mais que le taux, le moment ou la *monnaie* de la corruption de chacun variait selon les caractères individuels ; — que toute amitié devant absolument avoir son heure négative, il était inutile de compter sur un sentiment qui, un jour, vous manquerait ; — enfin je devais, selon ces terribles maximes, m'estimer heureux de n'avoir ni frère, ni sœur, et d'être ainsi pur de tout *fratricide véniel* : l'homme étant fait de la sorte, qu'il ne voit presque toujours dans la fraternité qu'une diminution d'héritage ; car, — ajoutait mon père, — bien peu, parmi les plus purs, peuvent nier avoir pensé au moins une fois dans leur vie, en supputant la fortune qu'ils partageaient : — *Si j'étais seul !* »

Je ne saurais dire combien ces axiomes, d'un sens peut-être rigoureusement vrai, mais d'une affirmation si désolante et si exagérée, ainsi froidement énoncés par mon père mourant, m'épouvantaient !

Mon précepteur, homme d'un sens droit, mais d'un esprit médiocre, n'avait, de sa vie, soulevé devant moi aucune question philosophique. Sur ces matières, mon intelligence était demeurée jusque-là comme inerte et endormie ; mais mon esprit, heureusement préparé par une éducation féconde et par une précoce habitude de réflexion, due à ma vie solitaire et à l'expérience des voyages, était prêt à recevoir le germe de toutes pensées, bonnes ou fatales, que l'ardeur de mon imagination devait rapidement développer.

Aussi, ces tristes et amers enseignements demeurèrent-ils l'unique et profonde racine de toutes mes pensées ! Plus tard je pus les modifier, y enter pour ainsi dire d'autres idées ; mais elles participèrent toujours de l'âcreté de la première sève.

Après ces tristes entretiens avec mon père, qui duraient ordinairement deux heures, on l'habillait ou plutôt on l'enveloppait de couvertures chaudes et légères ; car, ses anciennes blessures s'étant rouvertes, il souffrait si cruellement qu'il ne pouvait rien supporter de lourd ; puis on l'asseyait dans un fauteuil roulant, et on le promenait au soleil dans le parc.

Par une étrange singularité, mon père, qui avait toujours mis à grand luxe et à grand plaisir de tenir merveilleusement ce parc, du moment qu'il se sentit sérieusement malade, défendit absolument d'y faire les travaux même les plus ordinaires et les plus indispensables.

On ne pourrait dire l'aspect désolé de ces immenses allées, qui restaient envahies par l'herbe et par les ronces ; de ces charmilles autrefois symétriquement taillées, mais alors abandonnées et poussant au hasard ; de ces massifs de fleurs mortes de l'été, qu'on arrache à l'automne (car nous étions à la fin de cette saison), et qui étalaient partout leurs tiges noires et flétries. Je le répète, rien de plus lugubre que ce spectacle d'incurie et de ruine dans une maison habitée ; car mon père avait étendu les mêmes défenses à propos des moindres réparations journalières : un volet décroché, une cheminée abattue par un ouragan restaient ainsi que le vent les avait dégradés.

Après cette promenade que mon père faisait en silence la tête baissée sur sa poitrine, ayant ordinairement à côté de lui moi, Hélène ou ma tante, on le rentrait au château, dans son cabinet, que je vois encore, éclairé par trois fenêtres qui donnaient sur le parc, encombré de portraits de famille, de tableaux et de curiosités de prix. Une grande bibliothèque noire occupait tout un côté; au plafond, pendait un grand lustre de cristal de roche. Mais ce qui donnait aussi à cet appartement un caractère d'indéfinissable tristesse, c'était ce même abandon qui désolait le parc : car les tableaux, les meubles, étaient couverts de poussière; un valet de chambre ayant une fois, malgré ses ordres, épousseté un peu, mon père se mit dans un tel emportement que depuis on laissa la poussière s'accumuler et les toiles d'araignées tout envahir.

Mon père voulait rester ainsi seul pendant deux ou trois heures, après lesquelles on le revenait chercher pour une seconde promenade, qui seule semblait le sortir un peu de sa morne apathie.

Le but était d'aller voir dans un vaste palis des chevaux en liberté : il y en avait, je crois, sept ou huit, dont trois chevaux de chasse, que mon père avait montés de préférence pendant fort longtemps; les autres étaient des chevaux de harnais, aussi fort vieux. Dès que mon père s'était vu dans l'impossibilité de monter à cheval ou de sortir en voiture, il avait fait mettre ses chevaux en liberté dans cette enceinte; une clause de son testament ordonnait expressément que ces animaux demeurassent là sans travailler jusqu'à leur mort.

Je le répète, à cette heure seulement, mon père disait quelques rares paroles, rappelait brièvement une chasse où tel cheval avait brillé, une route parcourue par un autre avec une vitesse surprenante; puis, ensuite de cette promenade, on le rentrait pour dîner.

Bien que depuis longtemps il ne se soutînt plus que par des substances très-légères, il voulait que sa table, à laquelle il avait toujours tenu, fût servie avec la même recherche que lorsqu'il était en santé, bien qu'il ne mangeât pas. Ma tante et Hélène prenaient part à ces repas silencieux, servis par de vieux domestiques en noir et à cheveux blancs. Mon père ne disait pas un mot, et, comme nous avions remarqué que le bruit lui était insupportable, c'est à peine si nous échangions à voix basse quelques rares paroles.

Après le dîner, qui durait peu, nous rentrions au salon; on approchait un échiquier, et je m'y asseyais avec mon père : je rangeais les pièces, et nous commencions le simulacre d'une partie; car mon père, toujours profondément absorbé, ne jouait pas : seulement, à de longs intervalles, il poussait au hasard une des pièces sur le damier, j'en avançais une autre, pour la forme... et le silence continuait; car c'était une sorte de contenance machinale, bien plus qu'une distraction, que mon père cherchait dans cette apparence de jeu.

Durant ce temps-là, ma tante lisait, et Hélène se mettait au piano pendant environ une heure.

Cette heure de musique était, avec sa promenade au parc des chevaux, les deux seuls accidents de la journée qui parussent faire quelque impression sur mon père; car, tout en continuant de mouvoir au hasard les échecs, il disait à Hélène, de sa voix grave et pénétrante : « Jouez tel air, je vous prie, Hélène. »

Quelquefois, mais bien rarement, il lui faisait répéter deux ou trois fois le même morceau ; alors il s'accoudait sur l'échiquier, cachait sa tête dans ses deux mains, et semblait profondément recueilli...

Un jour seulement, après avoir redemandé le même chant, je vis ses yeux baignés de larmes, lorsqu'il leva son visage vénérable, si cruellement creusé par les souffrances.

Les airs qu'il faisait ainsi répéter à Hélène étaient en très-petit nombre et fort anciens; il y avait entre autres *Pauvre Jacques,* la cavatine de *Don Juan* de Mozart, une symphonie de Beethoven, et deux ou trois romances de *Paësiello;* une surtout, intitulée *la Mort d'Elvire,* mélodie simple, douce et triste, semblait l'affecter plus profondément que les autres : aussi quelquefois poussant un profond soupir, il disait : « Assez... Hélène... Je vous remercie, « mon enfant... » Aussitôt le piano se taisait, et tout retombait dans un profond silence.

Je ne saurais dire quelle indéfinissable mélancolie éveillait en moi cette scène qui se passait ainsi presque chaque jour, avec quelle sorte d'extase recueillie j'écoutais ces anciens airs d'un rhythme si naïf, chantés à demi-voix par Hélène, dont le timbre était d'une fraîcheur et d'une pureté remarquables.

Le salon où nous nous rassemblions le soir s'appelait le *salon du Croisé,* parce qu'un de nos ancêtres, portant la croix sainte, s'y trouvait représenté au-dessus d'une immense cheminée de pierre sculptée; cette pièce était vaste, toute tendue de damas rouge-sombre. Comme la vue de mon père était très-affaiblie, on posait sur le piano deux lampes recouvertes d'abat-jour de soie verte, relevés seulement du côté du pupitre : aussi toute la pièce restait presque dans l'obscurité, tandis qu'Hélène, assise au piano, était seule vivement éclairée.

Je vois encore ses beaux cheveux blonds, si bien attachés à son joli col, qui se détachait si blanc de sa large pèlerine noire. Puis, mon père, assis devant notre échiquier, la tête baissée sur la poitrine, dans l'attitude de la méditation, seulement reflété, ainsi que moi, par la lueur rouge et vacillante du foyer. . . . .

Environ sur les dix heures mon père sonnait ; ses gens le transportaient dans son appartement, où je l'accompagnais, et on le mettait au lit.

Je couchais dans une chambre voisine de la sienne, et bien souvent, la nuit, inquiet et agité, me relevant pour écouter sa respiration, je m'avançais doucement jusqu'auprès de lui, mais je rencontrais toujours son regard fixe, clair et perçant, car il ne dormait jamais.

Cette épouvantable insomnie, que les médecins attribuaient aux suites de l'abus de l'opium, et qu'ils avaient vainement combattue de tous leurs moyens, cette insomnie continue était ce qui le faisait le plus souffrir ; les larmes me viennent encore aux yeux quand je me rappelle l'accent calme et résigné avec lequel il me disait : « Je ne dors pas, je n'ai besoin de rien... allez vous reposer, mon enfant... »

J'ai quelquefois frissonné en songeant que, pendant plus de sept mois, mon père n'a pas dormi une minute ! Chaque jour et chaque nuit il pensait à sa fin prochaine, qu'il voyait et sentait lentement venir. J'ai dit que son instruction était véritablement encyclopédique ; aussi, sans avoir des connaissances pratiques en médecine, il en avait malheureusement d'assez grandes pour connaître et juger sûrement de son état...

Huit mois avant de mourir, il stupéfia ses médecins par l'assurance raisonnée avec laquelle il leur développa les conséquences inévitablement mortelles de sa maladie, et le temps probable qu'il avait encore à vivre ! Et pourtant, avec cette conviction terrible que chaque jour l'approchait de sa tombe, jamais un moment de faiblesse ou de regret apparent ! jamais une plainte ! jamais un mot qui fît allusion à ce sort fatal ! Du silence, toujours du silence ! et sa vie de chaque jour, jusqu'à celui de sa mort, fut celle que j'ai retracée.

La veille de cet affreux événement, il me fit, avec une lucidité remarquable, subir pour ainsi dire un examen approfondi sur la façon dont je devais régir ma fortune; il parut satisfait et me dit :

« J'ai doublé les biens que mon père m'avait laissés; ces améliorations ont été le but constant de ma vie, parce qu'elles avaient votre avenir pour objet. Usez sagement de ces biens si vous le pouvez. Rappelez-vous, mon enfant, *que tout est dans l'or : honneur et bonheur.* Tâchez surtout de pouvoir vivre seul : c'est la grande science de la vie... Si vous trouviez une femme qui ressemblât à votre mère, épousez-la... Mais défiez-vous des adorations que vous suscitera votre fortune; en un mot, ne croyez à aucune apparence avant d'en avoir sondé toutes les profondeurs... » Puis, me montrant un vaste secrétaire, il ajouta : « Vous ferez brûler ce meuble tel qu'il est, avec tout ce qu'il contient; j'en ai retiré nos papiers de famille : le reste vous doit être indifférent. Adieu, mon enfant; j'ai toujours été satisfait de vous. »

Et comme, à travers mes pleurs, je lui parlais de l'éternité de mes regrets si j'avais l'affreux malheur de le perdre, il sourit faiblement, et me dit de sa voix toujours calme et posée :

« Mon enfant... pourquoi me dire à moi de ces vanités ?... Il n'y a rien d'éternel, ni même de durable dans les sentiments humains... la joie, le bonheur, ne le sont pas... la douleur et la tristesse le sont encore moins... Rappelez-vous bien ceci, mon pauvre enfant. Vous êtes généreux et bon... vous m'aimez tendrement... vous êtes à cette heure affreusement navré à la seule pensée de me perdre... Votre douleur actuelle est véritablement si intense qu'elle semble vous voiler l'avenir d'un linceul... et pourtant cet orgasme si pénible ne peut, ne doit pas durer : plus ou moins de temps après ma mort... vous en viendrez à me moins regretter... puis à chercher des distractions, puis à vous consoler... puis à m'oublier !.... »

— Jamais, dis-je à mon père, en me jetant au pied de son lit, en inondant sa main de larmes...

Il appuya tendrement sa main déjà froide sur mon front, et continua : — « Pauvre cher enfant !! pourquoi nier l'évidence... pourquoi vouloir échapper à l'inexorable loi de notre espèce ?... Il n'y a, voyez-vous, dans ce refroidissement successif des regrets qui se termine par l'oubli, rien d'odieux ni de méchant... Rien de plus naturel, rien de plus humain... Bien plus, un jour, en jouissant des biens que je vous aurai laissés, vous n'éprouverez aucune tristesse ; vous penserez, je le veux, çà et là, quelquefois à moi, mais rarement... et sans angoisse... Mon souvenir ne sera jamais compté dans vos joies, dans vos plaisirs, dans vos projets de chaque jour ; enfin je ne paraîtrai pas plus dans votre vie florissante et vivace que la poussière de l'arbre qui a vécu son temps et sert d'engrais à ses rejetons... Rien de plus simple, de plus humain, de plus naturel, je vous le répète. »

— Ah ! ne croyez pas cela, m'écriai-je épouvanté.... ces biens me seront odieux... ma douleur sera inconsolable... Mais mon père ajouta :

— « Encore une promesse folle, mon enfant ; quatre-vingt mille livres de rentes ne sont jamais odieuses, et la plus âpre douleur se console toujours... Ne le sais-je pas par moi-même ? n'ai-je pas éprouvé ainsi à la mort de mon père ; n'éprouverez-vous pas ainsi après moi ?... Et si vous avez un fils, n'éprouvera-t-il pas de même après vous ? Croyez-moi, mon enfant, la véritable sagesse consiste, je crois, à pouvoir envisager ainsi la réalité inexorable de l'espèce, et à ne se point abuser de vaines espérances. Une fois là... une fois que le vrai a dissipé les

fantômes du faux... on n'en vient pas à haïr pour cela les hommes... parce qu'on se sent homme comme eux ; mais on les plaint profondément, on en a pitié, on les soulage, parce qu'on se sent souvent soi-même bien malheureux ! s'ils sont ingrats... hélas ! on cherche bien en soi, et souvent on trouve une ingratitude à se reprocher qui vous fait excuser la leur... Car, voyez-vous, mon pauvre enfant, *tout pardonner, c'est tout comprendre.* Enfin il vient un âge, un moment, où le tableau de leurs misères, qu'ils ignorent ou qu'ils fardent, vous émeut si douloureusement ou vous répugne si fort qu'on fait comme j'ai fait... on les quitte, et on vit seul... Alors, mon enfant, au lieu d'avoir sous les yeux le continuel et navrant spectacle des infirmités morales du monde, on n'a que les siennes propres... et encore les splendides contemplations de la nature, les méditations de l'esprit, les inépuisables et maternelles douceurs de l'étude, peuvent souvent nous ravir à notre incomplète et pauvre humanité. » . . . .
. . . .

Le lendemain de cette conversation, mon père n'était plus....

CHAPITRE V.

HÉLÈNE.

Je n'ai d'autre but, en me rappelant ces souvenirs d'autrefois, que de me considérer inexorablement de dehors en dedans, si cela se peut dire ; d'assister en spectateur froid et désintéressé aux scènes de ma pensée intime, ainsi qu'à la lutte de mes instincts, bons ou mauvais, et de n'en répudier aucun, tel bas et misérable qu'il soit.

Je crois n'être ni meilleur ni plus mauvais que le commun des autres hommes ; et ce qui me donne l'espèce de courage de tout m'avouer à moi-même, est la conviction où je suis que, si le plus grand nombre se posaient les mêmes questions que je me suis posées, et y répondaient franchement, leurs solutions seraient très-souvent les miennes.

Je reviens à la mort de mon père : ma douleur fut profonde, mais ce sentiment ne fut pas celui qui prédomina en moi : ce fut d'abord une terreur stupéfiante de me voir, à vingt-deux ans, absolument libre, et maître d'une fortune considérable. Puis j'éprouvai aussi un sentiment d'angoisse inexprimable en songeant que je restais désormais sans aucun appui naturel; erreur ou sagesse, vice ou vertu, gloire ou obscurité, ma vie ne devait plus émouvoir personne; d'ailleurs, l'existence excentrique de mon père l'avait depuis si longtemps isolé de toute société, que j'avais même à entrer presque en étranger dans le monde, que ma position m'appelait à voir; l'avenir me semblait alors un désert immense, sillonné de mille sentiers divers; mais aucun souvenir, aucun intérêt, aucun patronage de famille ou de caste ne me désignait ma route.

Comme toujours, grâce à la marche du temps, cette impression devait se modifier, puis se contrarier radicalement; mais la transition fut longue.

Plus tard, cette sorte de terreur se mêla d'une nuance d'orgueil, alors que je songeai que les grands domaines de notre famille m'appartenaient; et, si le fardeau de les régir me paraissait lourd, cet embarras avait en lui-même sa compensation.

Très-jeune, j'avais déjà machinalement l'habitude de me regarder pour ainsi dire penser; aussi, lorsque je vis ma sombre douleur et mon profond abattement se colorer de ces premières lueurs de personnalité, je frémis et je me rappelai ces mots terribles de mon père mourant : « *Vous êtes généreux et bon, vous m'aimez tendrement, et cependant, plus ou moins de temps après ma mort, vous en viendrez à me moins regretter, puis à vous consoler absolument, et à m'oublier tout à fait.* »

On raconte plusieurs exemples de gens auxquels on avait prédit une fin tragique et prématurée, et qui, poussés par une inexplicable fatalité, se chargeaient eux-mêmes de réaliser ces fatales prédictions. Il en est, je crois, de même de certaines idées que vous pressentez quoiqu'elles vous soient odieuses, contre lesquelles vous vous débattez en vain, et auxquelles vous finissez pourtant par obéir; il en fut ainsi de la prédiction de mon père : je la combattis longtemps et j'y cédai.

Mais cette lutte fut certainement un des plus douloureux instants de ma vie; reconnaître peu à peu l'effroyable vanité de nos regrets, se cruellement convaincre de cette formidable vulgarité : — que les sentiments les plus profondément enracinés dans le cœur par la nature s'éteignent, se flétrissent, meurent et s'effacent sous le souffle glacé du temps : — de telles

pensées enfin ne doivent-elles pas déchirer l'âme? aussi je maudissais, mais en vain, mon ingratitude. . . . .
. . . .

C'était pendant le mois de janvier, car j'avais passé l'hiver à Serval avec ma tante et Hélène. Tous les matins je montais à cheval, et j'allais me promener dans la forêt pendant trois ou quatre heures; ce temps gris, sombre et brumeux me plaisait; ces immenses allées, couvertes de neige ou semées de feuilles mortes que le vent enlevait en tourbillons rapides, avaient un aspect triste qui cadrait avec mes pensées. Laissant flotter les rênes sur le cou de mon cheval, j'allais ainsi machinalement, songeant à peine à l'avenir, à la direction que je voulais suivre, ne faisant aucun projet, car j'étais encore trop étourdi de la position où je me trouvais. J'avais si longtemps vécu sous l'entière dépendance de mon père, n'ayant de volonté que la sienne, de projets que les siens; en voyage même, cette volonté, représentée par celle de mon précepteur, m'avait toujours si incessamment suivi, que l'absolue et entière liberté où je me trouvais, m'accablait, je le répète, et m'effrayait à la fois.

Après mes longues promenades, je rentrais,

je trouvais Hélène et sa mère qui m'attendaient ; nous causions de mon père, et ma tante m'engageait à surmonter la répugnance que j'avais à m'occuper de mes affaires ; mais ces détails me rappelaient trop cruellement les entretiens que j'avais eus avec mon père à ce sujet : je ne pus m'y résoudre encore, et je chargeai mon précepteur de ces soins.

Trois mois après, mes angoisses avaient beaucoup perdu de leur amertume ; je commençai pour ainsi dire à me reconnaître et à regarder autour de moi ; mes idées devinrent plus nettes, plus arrêtées sur la manière dont je devais user de ma liberté. Cette liberté m'inquiétait encore, mais ne m'épouvantait plus.

La direction de la pensée n'échappe pas toujours aux influences extérieures et purement physiques ; je l'éprouvai alors. Le printemps approchait, et on eût dit qu'avec le noir hiver devait passer la première âcreté de ma douleur, et que mes vagues projets, mes douces espérances d'avenir, devaient naître avec la riante feuillaison de mai.

Nous étions vers le milieu d'avril ; depuis la mort de mon père, je n'avais pu me résoudre à aller au cimetière du village, où s'élevait le

monument funéraire de notre famille, tant je
redoutais la cruelle impression que je devais
ressentir; un jour je maudissais ma faiblesse,
lorsque Hélène me dit : « Ayez donc plus de
courage, Arthur; venez, je vous accompagnerai. »

La mère d'Hélène étant souffrante ne put
venir avec nous : nous y allâmes seuls.

Mon émotion était si violente, que je tremblais; je pouvais à peine me soutenir. Hélène,
peut-être aussi émue que moi, le paraissait
moins; aussi en arrivant sous le péristyle du
tombeau, je m'évanouis...

Quand je repris mes sens, je vis Hélène agenouillée près de moi; je sentis ses larmes
m'inonder les joues; car de ses deux mains
elle soutenait ma tête. Pour la première fois,
enfin, chose étrange! malgré la sainteté du
lieu, malgré les déchirantes pensées qui me
devaient accabler, pour la première fois je fus
frappé de la beauté d'Hélène... Puis cette sensation passa rapide comme un songe; je revins
à des idées d'une profonde tristesse, je pleurai
beaucoup, et nous revînmes au château.

Depuis, j'allais avec Hélène presque chaque
jour au cimetière; au lieu d'une douleur âcre
et aiguë, je ressentis peu à peu une mélancolie

douce, qui n'était pas sans une sorte de charme... Je me reconnus d'abord avec joie une ineffable gratitude pour la mémoire de mon père, et je le bénissais pieusement et avec admiration de m'avoir pu toujours témoigner une affection aussi profonde, et surtout aussi prévoyante, malgré les terribles convictions qu'il avait sur l'oubli où on laissait ceux qui n'étaient plus.

Sortant de ma première stupeur, je commençai enfin à apprécier la grande position qu'il m'avait faite : c'était pour lui en avoir sans doute une éternelle reconnaissance ; mais, enfin, en comprenant cette position dans toute sa splendeur, je frémissais quelquefois, tremblant qu'au fond de ce vif sentiment il n'y eût de ma part une affreuse réaction de satisfaction égoïste.

J'ai dit que j'étais demeuré longtemps sans remarquer la beauté d'Hélène : bien que cela doive sembler singulier, on le concevra, en songeant que jusqu'à ce moment elle avait été pour moi une sœur ; lorsque je la quittai pour voyager, elle était au couvent, et presque enfant ; puis, pendant les derniers mois de la vie de mon père, j'avais été si cruellement préoccupé de ses douleurs, et Hélène s'était montrée pour lui d'une affection si dévouée, si filiale, que cette espèce de sentiment tout fraternel n'avait pu changer.

Hélène avait trois ans de moins que moi : elle était blonde et pâle : son abord était bienveillant mais froid, et ses grands yeux bleus, son nez aquilin, son large et beau front, souvent penché, lui donnaient à la fois un air imposant et mélancolique; enfant, elle avait toujours été pensive : c'était un caractère silencieux et concentré, indifférent aux joies et aux plaisirs de son âge ; toujours très-sédentaire, très-nonchalante ; elle riait fort peu et rêvait souvent; ses sourcils d'un blond cendré plus foncé que ses magnifiques cheveux, étaient abondants et peut-être trop accusés; son pied charmant, et sa main un peu longue, d'une beauté antique; sa taille élevée, souple et mince, était d'une perfection remarquable ; mais elle se tenait très-mal, et par indolence courbait presque toujours ses blanches et rondes épaules, malgré les continuelles remontrances de sa mère.

Quant à son esprit, il ne m'avait jusqu'alors jamais frappé; elle s'était montrée remplie de prévenances et de délicatesse dans l'affection qu'elle avait témoignée à mon père, et, je l'ai dit, elle demeurait avec moi sur un pied tout fraternel.

C'était enfin une affectueuse et tendre nature, charitable et bienveillante à tous, mais devenant d'une fierté ombrageuse et d'une susceptibilité extrême dès qu'elle pouvait soupçonner qu'on pensait à faire la moindre allusion à sa pauvreté.

Je me souviens toujours qu'avant la mort de mon père, Hélène m'avait bien longtemps et très-sérieusement boudé, parce que j'avais étourdiment et sottement dit devant elle : que les jeunes personnes sans fortune étaient presque toujours malheureusement dévolues dès leur naissance à de vieux goutteux, qui, las du monde, cherchaient une pauvre jeune fille bien née qui voulût se résigner à partager leur hargneuse solitude.

La mère d'Hélène, sœur de mon père, était une femme faible, insouciante, mais parfaitement bonne, spirituelle et remarquablement distinguée. — Son mari, longtemps chargé de hautes fonctions diplomatiques, très-prodigue, très-joueur, aimant le faste, le grand luxe, représentant sa cour le plus noblement et le plus somptueusement du monde, avait presque entièrement dissipé sa fortune et celle de sa femme ; aussi cette dernière demeurait-elle, sinon sans biens, du moins dans une aisance honorable, mais médiocre.

De ma vie je n'avais songé à la disproportion de fortune qui existait entre Hélène et moi : lorsque sa beauté me frappa, je n'y pensai pas davantage, car je crois qu'un des traits saillants de la jeunesse, qui se trouve riche sans labeur, est de colorer pour ainsi dire tout et tous des reflets de son prisme d'or.

Du moment où j'avais remarqué qu'Hélène était belle, sans me rendre compte des sentiments que j'éprouvais peut-être déjà à mon insu, je devins tout autre ; j'abrégeai mes promenades à cheval, je mis plus de recherche dans ma toilette, et je fus souvent honteux en me rappelant mes négligés trop fraternels d'autrefois.

Ma tante avait une femme de ses amies, veuve aussi, et mère d'une fille de l'âge d'Hélène, qui lui donnait les plus cruelles inquiétudes, sa poitrine étant gravement attaquée. J'entendis ma tante parler de cette amie, et devinant par instinct qu'il est plus facile de s'isoler au milieu du monde que dans la solitude, j'engageai ma tante à prier cette amie de venir avec sa fille habiter quelque temps à

Serval, dont l'air était d'une excellente pureté ; ma tante accepta avec joie, et bientôt madame de Verteuil et sa fille, pauvre enfant de dix-huit ans, peu jolie, mais ayant un air de souffrance si résignée qu'elle intéressait profondément, arrivèrent au château.

CHAPITRE VI.

L'AVEU.

Deux mois après l'arrivée de madame de Verteuil à Serval, le triste aspect de cette antique demeure me semblait entièrement changé ; tout à mes yeux était épanoui, frais, rayonnant... J'aimais Hélène !

Plusieurs de nos voisins de terres, jusqu'alors repoussés par la sombre misanthropie de mon père, tentèrent quelques avances auprès de moi ; je me sentais si heureux, qu'avec cette facilité bienveillante que donne le bonheur, et qui n'est que de l'indifférence pour tout ce qui n'est pas notre amour, j'acceptai ces relations du voisinage ; et bientôt Serval, sans être très-bruyant, fut du moins beaucoup plus animé qu'il ne l'avait été depuis bien longtemps.

J'étais tellement absorbé par mon amour, que je ne réfléchissais que rarement, et presque malgré moi, au changement qui s'était opéré dans ma douleur. Il y avait environ neuf mois que j'avais perdu mon père, et pourtant ce souvenir, d'abord d'une amertume si incessante, s'affaiblissait peu à peu : j'avais commencé par aller chaque matin au cimetière, puis j'y allai moins ; plus tard enfin, je remplaçai cette triste et pieuse visite par quelques heures passées chaque jour à méditer devant le portrait de mon père.

J'avais fait mettre ce portrait dans un cadre fermé par deux battants, pensant que c'est profaner l'image de ceux qui nous sont chers que de les laisser exposés aux yeux des insouciants, et aussi, qu'une telle contemplation, à laquelle on vient demander de hautes et sérieuses pensées, devait être préméditée, et non due au hasard qui pouvait y porter nos regards ; le cadre qui contenait ce portrait était donc pour moi une sorte de tabernacle, que je n'ouvrais jamais qu'avec un douloureux et saint recueillement.

Mais, hélas ! ces méditations, d'abord journalières, devinrent aussi moins fréquentes, et par cela même que mes yeux ne se pouvaient habituer à voir avec indifférence cette image sacrée, que je contemplais de plus en plus rarement, je ne saurais dire mon impression presque craintive quand j'ouvrais ce cadre : le cœur me battait horriblement en regardant la sévère et pâle figure de mon père, qui semblait sortir de la toile avec son imposant caractère de calme et de tristesse, et venir froidement constater mon ingratitude et mon oubli de sa mémoire, qu'il m'avait, hélas ! prédits.

Alors, épouvanté, je fermais brusquement le cadre, et je pleurais, maudissant mon indifférence ; mais ces regrets déchirants duraient peu, et je sentais une indicible angoisse, en me disant : « J'éprouve à cette heure une sensation cruelle, et pourtant, demain, ce soir peut-être, je l'aurai oubliée, et je serai souriant et heureux auprès d'Hélène !... »

Non ! rien ne pourrait exprimer le pénible ressentiment de cette pensée, qui, venant insulter à ma douleur, m'en démontrait la vanité prochaine, au milieu même du désespoir le plus navrant et le plus vrai.

Enfin, je l'avoue à ma honte, étant demeuré près d'un mois sans ouvrir le cadre, j'eus l'incroyable lâcheté de ne plus oser y jeter les yeux, tant je craignais cette sorte d'apparition redoutée... ce fut plus tard que je la bravai... et on verra combien ce fait insignifiant en soi réagit sur ma destinée tout entière.

Ces impressions, qui me frappent maintenant que je les analyse à froid, m'agitaient sans doute plus confusément alors ; mais, bien qu'absorbé dans l'enivrement d'un premier amour, je sentais néanmoins leur réaction sourde et cruelle.

J'ai dit que j'aimais Hélène ; les phases de cet amour furent bien étranges, et me révélèrent de misérables instincts d'égoïsme, d'orgueil et d'incrédulité jusque-là endormis en moi.

Jamais, hélas! je n'oserai blâmer mon père de m'avoir donné les terribles enseignements que j'ai dits : mon bonheur était son vœu le plus ardent; mais de même que certaines plantes sauvages et vigoureuses, transportées dans un sol trop faible pour les nourrir, le dévorent vite, et s'étiolent sans fleurs et sans fruits, évidemment ma nature morale n'était pas assez forte pour profiter d'aussi formidables préceptes; chez mon père, ces rudes et sombres convictions s'épanouissaient au moins en bienveillance et en pardon pour tous : chez moi cette sève généreuse et puissante manquant, la tige devait demeurer dans toute la triste nudité de sa noire écorce, et ne fleurir jamais.

Revenons à Hélène, bien qu'à cette heure quelques-uns de ces souvenirs me fassent encore rougir de honte.

C'était mon premier amour de cœur, et comme tout premier amour, il fut d'abord naïf, imprévoyant, étourdi, se laissant aller en aveugle au flot riant et pur de la passion, se berçant aux premières harmonies du cœur qui s'éveille, et cela, selon le vieil emblème mythologique, *les yeux fermés* pour ne pas voir l'horizon.

Ces trois mois d'insouciance de tout avenir furent néanmoins délicieux, et j'ai toujours plaisir à me rappeler les moindres détails de ces heureux moments.

Peu de temps après l'arrivée de madame de Verteuil et de sa fille à Serval, je demandai un jour à Hélène de monter à cheval, comme son amie, qui, pour sa santé, se livrait à cet exercice. J'avais fait venir d'Angleterre deux poneys fort doux, car Hélène était extrêmement peureuse. Avant que de la décider à tenter avec mademoiselle de Verteuil et moi quelques excursions hors du parc, il me fallut, pour habituer ma cousine à vaincre ses premières frayeurs, la promener longuement au pas, moi à pied auprès d'elle.

Rien de plus charmant que ces petits effrois de chaque minute qui venaient colorer la douce pâleur de son beau visage, dont la partie supérieure, abritée du soleil par un large chapeau de paille, demeurait dans le clair-obscur le plus transparent et le plus doré, tandis que sa bouche purpurine et son joli menton brillaient vivement éclairés. Elle était toujours vêtue de robes blanches, avec de larges ceintures de moire grise, qui marquaient sa taille, si flexible et si mince, qu'elle ondulait courbée, comme un roseau sous la brise, à chaque pas de son poney d'Écosse tout noir, dont la longue crinière et la longue queue flottaient au vent.

Je tenais la bride, et Hélène, au moindre mouvement du petit Blak, se hâtait d'appuyer avec crainte sa main sur mon épaule : terreur qui excitait les naïves railleries de mademoiselle de Verteuil, qui, beaucoup plus intrépide que son amie, nous laissait souvent seuls, en partant rapidement pour encourager Hélène.

Ces promenades se faisaient habituellement dans une immense allée de chênes touffus et partout gazonnée. Tant que mademoiselle de Verteuil restait avec nous, j'étais gai, causant, et Hélène, toujours rêveuse, semblait néanmoins s'animer un peu ; mais dès que Sophie nous abandonnait, nous tombions dans d'interminables silences dont j'avais bien honte, et qui pourtant me semblaient délicieux.

Depuis quelque temps j'avais écrit à Londres à un de mes amis de m'envoyer des chevaux choisis, quelques gens d'attelage et plusieurs voitures, mon deuil étant près de finir.

L'arrivée de ces équipages fit une sorte de petite fête à Serval : je l'avais tenue secrète, et je me souviens de la joie enfantine et naïve d'Hélène, lorsqu'un beau soir d'août, ayant désiré se promener dans la forêt, au lieu de voir arriver devant le perron une de nos voitures ordinaires, elle vit une charmante calèche à quatre chevaux noirs, menée en d'Aumont par deux petits postillons anglais, vêtus de vestes de stof gris perlé.

Elle y monta avec sa mère et son amie. Je les accompagnai à cheval dans cette magnifique forêt, et nous revînmes au pas au château par un beau clair de lune, qui rayonnait de la manière la plus pittoresque dans les sombres et immenses allées de nos grands bois.

A propos de cette promenade, je dirai que je n'ai jamais rencontré de femme à qui le luxe allât mieux qu'à Hélène, ou plutôt qui donnât meilleur air au luxe; il y avait en elle une grandeur, une grâce si involontaire et si enchanteresse, qu'il était impossible de ne pas se la représenter toujours entourée des miracles du goût le plus pur et le plus parfait.

Aussi, sans être remarquablement belle, Hélène eût été sans doute de ce très-petit nombre de femmes dont on ne songe jamais à admirer la toilette, la voiture ou l'hôtel, de quelque exquise et suprême élégance que tout cela soit : leur seule présence harmonisant et s'assimilant, pour ainsi dire, toutes ces merveilles. Tant de gens sont les enseignes, les accessoires ou les contrastes de leur luxe! et si peu savent lui donner ce rare et adorable reflet, peut-être comparable aux rayons du soleil, qui seul peut embellir encore les plus hautes magnificences!

Un jour, au retour de cette promenade et en attendant le thé, Hélène demanda de rester dans le salon sans lumière et de faire ouvrir les fenêtres, afin que la lune pût y jeter sa douce clarté; sa mère y consentit.

Rien n'était plus mélancolique que cette vaste

pièce ainsi éclairée ; aussi la conversation, d'abord assez animée, tomba peu à peu.

Ma tante avait parlé de mon père ; ce souvenir nous attrista tout différemment : à elle, il rappela un frère aimé ; à madame de Verteuil, le sort funeste qui peut-être menaçait sa fille ; et à moi, de nouveau, mon coupable oubli.

Bientôt nous gardâmes tous le silence ; j'étais assis à côté d'Hélène, ma tête dans mes mains. Je ne sais pourquoi je me reprochai presque ce luxe que je déployais déjà ; j'éprouvais un remords puéril en songeant qu'au lieu de faire notre promenade habituelle dans la voiture sombre et ancienne qui avait appartenu à mon père, et menée par des gens qui avaient été à lui, je m'étais servi d'une voiture leste, élégante, conduite par des domestiques étrangers. Encore une fois, rien de plus puéril sans doute ; aussi, je ne comprends pas pourquoi cela m'affecta péniblement.

Après quelque temps de réflexions, je laissai retomber ma main sur l'appui de mon fauteuil : j'y trouvai la main d'Hélène, je rougis beaucoup, et mon cœur se serra étrangement ; lorsque Hélène sentit ma main, la sienne devint froide presque subitement, comme si tout son sang eût reflué vers son cœur ; je n'osais ni retirer ma main, ni presser la sienne : aussi je la sentis peu à peu se réchauffer, et bientôt devenir brûlante... Aux tressaillements nerveux de son bras charmant j'aurais pu compter les battements précipités de son sein... Je me sentais faible, et j'éprouvais une impression à la fois ineffable et triste.

O sérénité candide des premières émotions, qui vous remplacera jamais ! O source si pure à sa naissance ! que sa fraîcheur est délicieuse, lorsqu'elle murmure paisible, craintive et ignorée, sous quelques touffes de verdure ; mais, hélas ! combien elle perd de son charme le plus attrayant alors qu'elle baigne et reflète indifféremment toutes les rives, dont les débris souillent à jamais le courant de ses eaux troublées ! . . . .

. . . .

J'aimais Hélène avec passion, avec idolâtrie, et pourtant je n'avais pas encore osé lui faire l'aveu de ma tendresse.

Un jour, nous nous promenions avec mademoiselle de Verteuil, qui avait été au couvent avec Hélène. Je ne sais à quel propos on vint à parler de fêtes et d'anniversaires ; tout à coup mademoiselle Sophie de Verteuil se mit à dire étourdiment à son amie, en me regardant :

« Te souviens-tu, Hélène, de nos transes de petites filles quand tu *fêtais sa fête ?* »

Hélène rougit beaucoup, fit un mouvement de dépit, et répondit brusquement à son amie : « Je ne vous comprends pas. » La pauvre enfant se tut, et nous rentrâmes tous trois fort tristes.

Le lendemain, rencontrant mademoiselle de Verteuil dans la bibliothèque, je voulus savoir d'elle le sens de ces mots qui, la veille, avaient paru faire tant d'impression sur Hélène. Après de longues hésitations, elle finit par m'avouer qu'au couvent, chaque année, Hélène célébrait ma fête avec une solennité enfantine : les préparatifs se bornaient à acheter un gros bouquet de fleurs qu'elle nouait avec un beau ruban, sur lequel elle avait mystérieusement brodé les initiales de mon nom ; et puis elle allait poser ce bouquet sur un vase de marbre qui gisait mutilé dans un coin retiré du jardin du couvent, et passait ses heures de récréations en prières devant ce bouquet, demandant à Dieu un heureux voyage pour moi.

Mademoiselle de Verteuil ne tarissait pas sur les terreurs d'Hélène, alors qu'elle craignait d'être surprise en brodant le ruban, et de ses mille tentatives souvent inutiles pour se procurer un beau bouquet.

Que sais-je? tous ces enfantillages me furent contés si naïvement par mademoiselle de Verteuil, que je fus ému de surprise et touché jusqu'aux larmes; car avant de partir pour mon voyage, pendant quelques séjours qu'Hélène était venue faire à Serval, je ne l'avais jamais considérée que comme un enfant.

Depuis le soir où j'avais par hasard rencontré sa main sous la mienne, Hélène semblait m'éviter; sa taciturnité habituelle augmentait; son caractère, jusque-là doux et égal, devenait brusque; elle restait souvent des heures enfermées chez elle, ses volets fermés, dans l'obscurité la plus complète.

Je souffrais moi-même beaucoup; j'étais inquiet, préoccupé; il me semblait qu'un aveu de ma part aurait dû rendre Hélène au calme et au bonheur; mais une invincible timidité retenait cet aveu sur mes lèvres.

Un soir pourtant, qu'Hélène était moins abattue et moins triste que de coutume, je l'accompagnai dans sa promenade à cheval; je me promis d'avoir le courage de lui avouer mon amour, mais seulement lorsque nous serions dans l'immense allée de chênes dont j'ai parlé... Nous y arrivâmes... Mon cœur battait horriblement... mais je n'osai pas...

Honteux et dépité, je pris une résolution nouvelle, et je me désignai à moi-même un temple de marbre qui divisait l'allée, comme le point où je devais tenter un nouvel effort. Arrivé là, ma vue se troubla, mon cœur se serra, je ne sus que dire d'une voix étouffée : *Hélène!...* puis je restai muet.

Elle tourna vers moi ses grands yeux humides et brillants à la fois ; elle me parut plus pâle que d'habitude ; son sein était agité ; elle semblait m'interroger de son regard pénétrant, et vouloir lire au fond de mon cœur...

— O! *Hélène!* — repris-je encore, et je ne sais quelle stupide et insurmontable timidité m'empêcha de dire un mot de plus...

Alors elle, avec une expression de douleur et presque de désespoir que je n'oublierai de ma vie, s'écria : « *Allez! vous n'aimerez jamais rien...... Vous serez toujours malheureux!......* »

Puis, comme épouvantée de ces paroles, donnant un coup de houssine à son poney, elle partit au galop. Immobile, je la regardais s'en aller, lorsque je m'aperçus qu'elle arrivait avec rapidité sur une barrière qui fermait l'entrée de l'allée : je frémis ; mais elle, si peureuse ordinairement, laissa franchir cet obstacle à son cheval, et je la perdis bientôt de vue dans la profondeur des bois.

Resté seul, ces mots d'Hélène, dits avec tant d'amertume : « *Allez! vous n'aimerez jamais rien. Vous serez toujours malheureux!* » me causèrent une sensation étrange ; je compris que c'était presque un aveu que mon silence.

Puis enfin, pensant à son trouble, à ses réticences, je ne doutai plus qu'elle ne m'aimât ; et cette espèce d'aveu de sa part me ravit si profondément, que je restai longtemps ivre de joie à me promener çà et là comme un insensé, sans pensées fixes, sans projets, mais heureux...... oh! profondément...... heureux d'un bonheur ineffable mêlé d'un radieux orgueil.

Enfin, la nuit venue, je retournai au château. En entrant dans le salon, j'y vis Hélène : son teint était animé, ses yeux brillaient d'un singulier éclat ; assise au piano, elle jouait lentement, et de la manière la plus expressive, la dernière pensée de Weber, cette phrase musicale d'une mélodie si suave et si mélancolique.

Lorsque Hélène me vit, elle me dit : « Avouez

que je vous ai fait bien peur, n'est-ce pas ? »
Et, sans attendre ma réponse, quittant le morceau qu'elle jouait, comme s'il avait dû trahir la tristesse des pensées de son cœur, elle se mit à exécuter une valse très-rapide et très-gaie qu'elle accompagna çà et là de sa voix, qui me parut vibrer d'une façon extraordinaire......

Sa mère et mademoiselle de Verteuil se regardèrent et semblaient aussi stupéfaites que moi de ce brusque accès de gaieté, si opposée au caractère habituel d'Hélène, qui continuait de jouer valse sur valse avec la joie bruyante d'un enfant.

Je ne sais pourquoi cette allégresse si peu naturelle me fit mal, tant elle paraissait nerveuse et folle. En effet, au bout d'une demi-heure de cette sorte de spasme, Hélène pâlit tout à coup et s'évanouit.

. . . .

Huit jours après cette scène, Hélène savait mon amour et m'avait avoué le sien.

CHAPITRE VII.

LA LETTRE.

Les trois mois qui suivirent nos aveux passèrent comme un songe. Ces instants furent certainement des plus beaux et des plus heureux de ma vie ; tout avait paru s'harmoniser avec ce jeune et candide amour ; la saison avait été magnifique, notre résidence était somptueuse et pittoresque ; tous les accessoires de notre vie étaient enfin remplis de luxe et d'élégance, sorte de poésie en action, toujours d'un prix inestimable ; cadre d'or qui ajoute encore à l'éclat des plus suaves peintures !

Au milieu du parc était un immense étang ; j'avais fait construire une large gondole garnie de tentes, de rideaux, de tapis, de moelleux coussins et d'une table à thé ; aussi, bien souvent le soir, par de belles nuits, Hélène, sa mère, Sophie et moi, nous faisions de longues promenades sur ce petit lac. Au milieu s'élevait une île touffue avec un pavillon de musique, et quelquefois je faisais venir de la ville voisine, qui tenait garnison, trois excellents musiciens allemands, qui, placés dans ce pavillon, exécutaient à ravir de charmants trios d'alto, de flûte et de harpe.

Afin d'être seuls dans cette gondole et de ne pas ressentir la secousse des rames, je la faisais remorquer au bout d'une longue corde par un bateau conduit par deux de mes gens.

Que de fois, ainsi bercés sur l'onde, plongés dans une molle et délicieuse rêverie, au bruit léger de l'urne frémissante, aspirant le doux parfum du thé, ou rafraîchissant nos lèvres dans la neige des sorbets, nous écoutions avec ravissement ces bouffées d'harmonie lointaine qui nous venaient de l'île... pendant que la lune inondait de clarté les grands prés et les grands bois du parc!

Que de longues soirées j'ai ainsi passées à côté d'Hélène! avec quelle sympathie nous nous sentions enivrés de ces brises de mélodie qui tantôt chantaient si suaves et si sonores, et tantôt se taisaient soudainement!... Je me souviens que ces brusques silences nous causaient surtout une tristesse à la fois douce et grande. L'oreille se blase, à la fin, de sons, tels harmonieux qu'ils soient, mais un chant ainsi coupé çà et là d'intermittences qui permettent de rêver à ce qui vient de vous charmer, de sentir au fond de votre cœur comme l'écho affaibli de ces plaintives et dernières vibrations; un chant ainsi coupé vous entraîne davantage, et se fait désirer plus vivement encore.

Pendant ces délicieux moments, j'étais toujours assis auprès d'Hélène, j'avais sa main dans les miennes, et leurs douces pressions étaient pour nous un muet langage, grâce auquel nous échangions nos sensations, si profondes et si variées; quelquefois même, enivrante et chaste faveur! je profitais d'un moment d'obscurité pour appuyer ma tête sur la blanche épaule d'Hélène, dont la taille semblait alors s'assouplir plus languissamment. . . . .
. . . .

Mais, hélas! ces beaux songes devaient avoir leur réveil... réveil amer et décevant!

C'était à la fin d'une journée de novembre; je revenais au château, à pied avec Hélène, mademoiselle de Verteuil et mon précepteur, dont j'avais fait mon intendant.

Le temps était sombre et couvert, le soleil à son déclin; nous suivions la lisière de la forêt déjà diaprée des nuances de l'automne. Les bouleaux à écorce argentée semblaient secouer des feuilles d'or; les ronces, les lierres et les mûriers sauvages se coloraient d'un rouge ardent. A droite, s'étendait une colline de terres labourées dont les tons bruns tranchaient vivement sur une large zone de lumière orange, que projetait le soleil couchant ; au-dessus, de grandes masses de nuages, d'un gris bleuâtre et foncé, s'entassaient lourdement comme autant de montagnes aériennes. Quelques feux de chaumes étincelaient çà et là, allumés sur le versant de ces terres, voilées par la brume du soir, et les légères spirales de leur fumée blanche se fondaient peu à peu dans ces vapeurs amoncelées. Enfin, sur la crête de cette colline, passait lentement, au bruit monotone de leurs clochettes, un troupeau de grands bœufs, qui, se détachant en noir sur l'horizon empourpré des dernières lueurs du jour, semblaient énormes par cet incertain crépuscule...

Je ne saurais dire pourquoi l'aspect de cette soirée, pourtant si calme et si mélancolique, m'affecta péniblement ; Hélène aussi pensive s'appuyait sur mon bras.

Après un long silence, elle me dit : « Je ne saurais rendre ce que je ressens, mais il me semble que j'ai froid au cœur. »

Étant moi-même absorbé par d'inexplicables et chagrines préoccupations que je cachais à

Hélène, cette communauté d'impression me frappa vivement. « C'est sans doute une émotion nerveuse, — lui dis-je, — causée par ce temps sombre et morne. » Puis nous retombâmes dans le silence.

En vérité, j'ai honte d'avouer la cause de ma tristesse; elle était puérile, bizarre pour ne pas dire folle : ce fut le premier accès de cet insurmontable besoin d'indépendance et de solitude dont, par la suite, je ressentis souvent l'influence, même au milieu de la vie la plus étourdissante et la plus dissipée.

J'aimais Hélène à l'adoration; chaque moment passé loin d'elle était un supplice, et cependant ce jour-là, sans aucune raison, sans dépit, Hélène ayant été pour moi bonne et affectueuse, ainsi qu'elle était toujours, par un contraste inexplicable, je me trouvais malheureux, réellement malheureux, d'être obligé de paraître le soir au salon, d'en faire les honneurs, et de répondre aux muettes tendresses d'Hélène.

Après cette journée d'un aspect si mélancolique, il m'eût été doux de rentrer seul, de pouvoir passer ma soirée à rêver, à méditer, à lire au milieu d'un profond silence un de mes livres favoris ; mais, avant tout, j'aurais désiré être seul...

Rien ne m'empêchait sans doute de me retirer chez moi, mais je savais qu'il y aurait du monde là ; je serais obligé de donner des motifs, ou d'être en butte à des questions, bienveillantes sans doute, sur ma santé, mais qui m'eussent été insupportables ; en un mot, je le répète, dans ce moment, je me trouvais véritablement malheureux de ne pouvoir être seul.

Je ne cite ce fait puéril que parce que ce capricieux besoin de solitude si étrange au milieu des émotions que j'éprouvais, et si peu ordinaire à l'âge que j'avais alors, me semble une sorte de singularité héréditaire.

A ce propos, je me souviens que ma mère me disait toujours qu'avant de se retirer à Serval, et par nécessité de position, mon père étant obligé de voir beaucoup de monde, à Paris, sa morosité et sa misanthropie habituelles, lors de ses jours de réception, s'exaltaient à un point extraordinaire; et pourtant, une fois *à l'œuvre,* si cela se peut dire, il était impossible de recevoir avec une grâce, une aménité, une délicatesse de tact plus parfaite et plus exquise : aussi était-ce, me disait ma mère, ce mensonge forcé de trois ou quatre heures qui d'avance le mettait hors de lui ; et pourtant, en voyant son visage si gracieux et si noble, ses manières d'une dignité si affable et si charmante, les étrangers ne pensaient pas qu'il pût vivre et se plaire ailleurs que dans ce monde où il paraissait avec tant de rares et d'excellents avantages.

Mais je reviens à cette triste journée de novembre, où je ressentis pour la première fois un si incroyable besoin d'isolement.

Nous arrivâmes donc au château....

Comme je montais chez moi pour m'habiller, une des femmes de ma tante me pria, de sa part, de vouloir bien passer à l'instant chez elle. Je n'avais aucune raison de craindre cette entrevue ; pourtant, j'éprouvai un grand serrement de cœur..... Je me rendis chez ma tante ; elle était assise près de sa table à ouvrage, sur laquelle je vis une lettre ouverte ; je m'aperçus aussi qu'elle avait beaucoup pleuré.

« Mon ami, — me dit-elle, — il y a des gens bien méchants et bien infâmes..... Lisez ceci. » Puis elle me donna une lettre, et remit son mouchoir sur ses yeux.

Je lus : c'était un avertissement *amical* par lequel on prévenait charitablement la mère d'Hélène que mon intimité si familière avec sa fille avait porté une irréparable atteinte à sa réputation ; en un mot, on lui faisait entendre clairement, à travers la phraséologie confuse usitée en pareil cas, qu'Hélène passait « pour être ma maîtresse, » et que, par son impardonnable faiblesse et son insouciance, ma tante avait autorisé ces bruits odieux.

Cela était faux, absolument faux, c'était une odieuse calomnie ; mais je demeurai atterré, car je vis à l'instant que toutes les apparences devaient malheureusement donner une terrible créance à cette accusation.

Je crus m'éveiller d'un songe ; je l'ai dit, je m'étais laissé aller aux charmes de ce pur et chaste amour, sans calcul, sans réflexion, avec toute l'enivrante imprévoyance du bonheur. Cette lettre me mit la réalité sous les yeux, j'en demeurai écrasé.

Mon premier mouvement fut noble et généreux : je déchirai cette lettre en disant à ma tante : « Croyez bien que la réputation de ma cousine Hélène sera vengée ainsi qu'elle le doit être. »

Ma tante sourit tristement et me dit : « Mon ami, vous sentez bien qu'après de tels bruits il faut nous séparer ; un séjour plus prolongé à Serval serait justifier ces infamies. Je connais ma fille, je connais la hauteur de vos sentiments, c'est tout dire. Mais, mon enfant, les apparences sont contre nous ; ma confiance, si légitime et si honorablement placée en vous, sera taxée de faiblesse et d'imprévoyance. Je n'ai pas songé, hélas ! que la vie la plus pure en soi a toujours des témoins disposés à la flétrir... Vous le savez : Hélène est pauvre, elle n'a au monde que sa réputation... Que Dieu fasse maintenant que ces effroyables calomnies n'aient pas eu déjà un irréparable et fatal retentissement !

— Hélène est-elle instruite de ceci ? — demandai-je à ma tante.

— Non, mon ami ; mais son caractère est assez ferme pour que je ne lui cache rien.

— Eh bien, ma tante, faites-moi la grâce et la promesse de ne lui rien dire jusqu'à demain. »

Ma tante y consentit et je rentrai chez moi.

On pense bien que le vague et passager besoin d'isolement que j'avais éprouvé céda devant de si réelles préoccupations.

Le dîner fut triste ; après nous revînmes au salon. Hélène aimait trop sa mère et m'aimait trop aussi pour ne pas s'apercevoir que nous avions quelques chagrins ; je n'étais pas d'ailleurs, alors, assez dissimulé pour pouvoir cacher mon ressentiment.

Mille idées confuses se heurtaient dans ma tête : je ne m'arrêtais à aucune décision; je me rappelais mes longs entretiens avec Hélène, nos promenades souvent solitaires, mais autorisées par une familiarité de parenté qui datait de l'enfance; je me rappelais nos joies candides, la préférence presque involontaire que je lui accordais constamment : à la promenade, j'avais toujours son bras; à cheval, j'étais toujours à ses côtés; en un mot, je ne la quittais jamais. Je m'aperçus alors qu'aux yeux les moins prévenus, une distinction aussi persistante avait dû gravement compromettre Hélène. Puis encore, je me rappelais mille regards, mille signes tacites, convenus et échangés entre nous, muet et amoureux langage qui devait ne pas avoir échappé à la clairvoyance jalouse des gens que nous recevions; charme fatal du premier amour, qui nous absorbait assez pour que nous ne songeassions pas aux dehors; atmosphère enivrante au milieu de laquelle nous vivions si heureux et si insouciants de tous, et que nous avions crue impénétrable aux yeux des indifférents !

A mesure que le voile qui m'avait jusque-là

caché ma conduite se levait, je comprenais mon inconcevable légèreté ; et, selon tout caractère jeune, j'en vins à m'en exagérer encore l'imprudence... Je vis l'avenir d'Hélène perdu ; car, se trouvant sans bien, l'irréprochable pureté de sa conduite lui devenait doublement précieuse. Puis, c'est avec transport que je me rappelais son amour, son affection si pure et si dévouée, qui datait de l'enfance, ses qualités hautes et sérieuses, sa douceur, sa beauté, son élégance exquise... En un mot, j'en vins à penser qu'Hélène, bien qu'innocente, pouvait paraître coupable aux yeux du monde, et que, puisque j'avais peut-être porté une irréparable atteinte à sa réputation, la seule réparation qui fût digne d'elle et de moi était de lui offrir ma main.

Alors je me voyais heureux et paisible dans ce château, y vivant auprès d'elle, ainsi que j'y avais jusqu'alors vécu : c'était un horizon merveilleusement calme et radieux ; à mesure que je pensais ainsi, mon âme s'épanouissait et semblait s'agrandir. Je ne sais quelle voix intime et solennelle me disait : « Tu es sur le seuil de la vie ; deux voies te sont ouvertes : l'une mystérieuse, vague, imprévue ; l'autre fixe et assurée : dans celle-ci le passé te répond presque de l'avenir ; c'est un bonheur commencé qu'il dépend de toi de poursuivre ; vois quelle existence douce et riante : la sérénité des champs, les souvenirs de famille, la paix intérieure. Tu as assez de richesses pour vivre au milieu de tous les prestiges de luxe et de bénédictions de ceux que tu secourras ; Hélène t'aime depuis l'enfance, tu l'aimes... Va, le bonheur est là... saisis-le... Si tu laisses échapper cette occasion suprême, ta vie sera livrée à tous les orages des passions. »

C'est avec ravissement que j'écoutais cette sorte de révélation ; dans ce moment le bonheur me paraissait certain, si je me décidais à passer ainsi ma vie avec Hélène.

Ces convictions étaient si douces que mon front s'éclaircissait, mes traits respiraient la félicité la plus pure ; j'étais enfin si transporté d'allégresse, que je ne pus m'empêcher de m'écrier en répondant à ces pensées intérieures :

— Oh ! oui, Hélène !... cela sera... c'est le destin de ma vie !

On pense à l'étonnement de ma tante, de madame de Verteuil, de Sophie et d'Hélène, à cette exclamation si soudaine et si inintelligible pour elles.

— Arthur, vous êtes fou, — me dit ma tante.

— Non, ma bonne tante, de ma vie je n'ai été plus sage.... — Puis j'ajoutai : — Rappelez-vous votre promesse. — Et baisant la main d'Hélène, je lui dis comme chaque soir : — Bonsoir, Hélène. — Puis sortant du salon, je rentrai chez moi.

J'ai dit que depuis bien longtemps je n'avais ouvert le cadre qui renfermait le portrait de mon père ; je me sentais alors si fort de mon bonheur, que j'y trouvai le courage de braver l'impression que je redoutais.

Et puis, il me sembla que, dans un moment aussi solennel, je devais pour ainsi dire demander conseil à son souvenir ; et, tremblant malgré ma résolution, j'ouvris le cadre...

CHAPITRE VIII.

LE PORTRAIT.

Il était nuit ; la lumière des bougies éclairait entièrement le portrait. Je ne sais pourquoi, malgré la joie que la décision que je venais de prendre au sujet d'Hélène faisait rayonner en moi ; je ne sais pourquoi je me sentis soudainement attristé en contemplant l'austère figure de mon père ; jamais son caractère triste et sévère ne m'avait paru plus imposant... Le front vaste et dégarni était proéminent; l'orbite profonde, et les yeux abrités par des sourcils épais et gris semblaient m'interroger avec une fixité perçante ; les pommettes étaient saillantes, les joues creuses, la bouche sévère et hautaine ; enfin, la couleur sombre des vêtements se confondant avec le fond du tableau, je ne voyais que cette pâle figure qui, seule, éclatait de lumière dans l'obscurité.

Je m'agenouillai, et je méditai longtemps.

Lorsque je relevai la tête, une chose bien naturelle en soi m'épouvanta si fort, que je frissonnai involontairement : il me sembla voir, ou plutôt je vis comme une larme brillante rouler sur les joues du portrait, puis elle tomba froide sur ma main, que j'appuyais au cadre...

Je ne puis exprimer ma première épouvante, car je restai quelques minutes presque sans réflexion.

Puis, surmontant cette terreur puérile, je m'approchai, et je vis alors que l'humidité et la chaleur combinées avaient, seules, produit ce suintement sur la toile, renfermée depuis longtemps. Je souris tristement de ma frayeur, mais l'impression avait été vive et forte, et je ne pus échapper à mon ressentiment.

Plus calme, je m'assis devant ce portrait.

Peu à peu, mes longues conversations avec mon père me revinrent à la pensée, ainsi que ses maximes désolantes, ses doutes sur la vérité ou la durée des affections. Autant j'avais senti mon cœur se dilater naguère, autant il se resserrait alors avec angoisse : le souvenir de mon indifférence, de mon oubli pour sa mémoire, m'indignait contre moi-même ; mais voulant sortir de ce cercle de pensées amères, je me mis pour ainsi dire à consulter mentalement mon père sur la résolution que je venais de prendre d'épouser Hélène.

Tout en songeant à cet avenir qui me semblait riant et beau, j'attachais mes yeux sur ce pâle et muet visage, auquel je demandais follement d'approuver les pensées qui m'agitaient ; mais son impassible et triste demi-sourire de dédain me glaçait...

J'aime Hélène du plus profond amour, disais-je en étendant les mains vers lui... Cette impression ne me trompe pas ?... La résolution noble et généreuse que j'ai prise doit assurer mon bonheur et celui d'Hélène... n'est-ce pas, mon père ?...

Et, avide, j'épiais ces traits immobiles... car, je le répète, dans ce moment d'hallucination, il me semblait qu'ils auraient dû faire un signe d'adhésion.

Mais le front blanc et ridé ne sourcilla pas ; puis il me sembla entendre au fond des replis les plus cachés de mon cœur la voix brève de mon père qui me répondait : « Vous m'aimiez aussi du plus profond amour ; j'ai fait pour vous plus qu'Hélène, je vous ai donné la vie et la fortune... Et c'est au milieu des jouissances de cette fortune que vous m'avez oublié ! Pauvre enfant ! »

Épouvanté, je continuai : « Mais Hélène m'aime profondément, n'est-ce pas, mon père ? »

Et regardant la figure toujours immobile dont le silence me faisait peur, je reprenais avec angoisse : « Mais elle ne m'aime donc pas, ou bien je me trompe sur le sentiment que je crois éprouver pour elle, puisque vous me regardez ainsi, ô mon père ! »

Ne vous ai-je pas dit de vous défier des adorations que vous susciterait votre fortune et de sonder profondément les apparences ?

« Mais, Dieu du ciel ! quelle arrière-pensée peut-elle avoir ? Elle, jeune fille si noble et si candide ? elle qui vous aimait comme un père, et moi comme un frère ? ne s'est-elle pas livrée confiante à mon amour, insouciante de tout le reste et absorbée par lui ? n'a-t-elle pas exposé indifféremment aux calomnies du monde sa réputation, son unique trésor ?

Hélas ! pardon, ô mon père ! car c'est peut-être un misérable et sordide instinct qui m'a répondu à votre place ; sans doute, rougissant de ma bassesse, j'ai voulu attribuer à votre influence cette infernale pensée, le premier doute qui soit venu pour jamais troubler le flot riant et pur de mes croyances ; pardon, mon père, encore une fois pardon, si dans le moment où, dévoré d'angoisse, je vous demandais *quelle arrière-pensée il pouvait y avoir à l'amour d'Hélène,* mon égoïsme brutal m'a répondu : « VOTRE FORTUNE, CAR HÉLÈNE EST PAUVRE ! ! !.... »

. . . .
. . . .

Depuis ce jour fatal, incessamment sous le coup d'une idée fixe et dévorante, incessamment torturé par le DOUTE ! cette arme à deux tranchants qui blesse aussi cruellement celui qui frappe que celui qui est frappé, j'ai opiniâtrement cherché, et, pour mon malheur, cru trouver bien souvent les arrière-pensées les plus infâmes sous l'apparence des plus naïves inspirations, les projets les plus odieux sous les plus soudains et les plus généreux dévouements; j'ai bien souvent enfin, avec une sécheresse désolante, tué d'un mot les plus tendres et les plus suaves élans; mais jamais, mon Dieu, jamais je n'oublierai le douloureux brisement qui me déchira, lorsque le scepticisme arracha de mon cœur cette sainte et première croyance.

De ce moment, on eût dit qu'un crêpe funèbre enveloppait tout à mes yeux; la figure d'Hélène si candide et si pure ne me parut plus que fausse et cupide... La trame la plus noire sembla se dérouler à ma vue : l'insouciance de ma tante me parut bassement calculée; cette lettre enfin qui l'avertissait des bruits qui couraient dans le monde me sembla supposée; alors, avec un orgueil cruel, je m'applaudis d'avoir deviné et de pouvoir déjouer cette ligue honteuse faite contre moi, qu'on prenait pour dupe.

Par une inexplicable et subite réaction, tout mon amour se changea en haine et en mépris; les plus tendres épanchements me parurent ignoblement simulés. O honte! ô misère! jusqu'au souvenir de cette affection enfantine qu'Hélène m'avait dit éprouver au couvent, mon doute exécrable le flétrit ; j'osai accuser en moi madame de Verteuil et sa fille d'être complices d'Hélène et de sa mère, et d'avoir imaginé cet épisode pour m'aveugler plus sûrement.

Sans doute, la supposition d'une si basse tromperie était odieuse et stupide ; il était aussi affreux qu'incroyable de douter ainsi, à vingt-trois ans à peine... quand dans la vie rien d'amèrement expérimenté jusque-là, quand aucune déception passée n'avait pu autoriser un pareil scepticisme !...

. . . .

Triste avantage, hélas ! car on ne peut nier du moins que, cuirassé d'un doute si incarné, et armé d'une défiance si sagace, on ne puisse impunément braver les faux-semblants et les tromperies du monde... Mais de même que le corselet d'acier qui vous défend de l'épée ennemie vous rend aussi impénétrable à la douce chaleur d'une main amie ; de même le scepticisme, cette armure de fer, froide et polie, vous garantit des perfidies du fourbe, mais vous rend, hélas ! impénétrable à l'ineffable croyance d'une affection véritable.

Puisque maintenant j'analyse et je creuse

les influences, les instincts, ou l'organisation naturelle, qui firent germer et développèrent en moi le *doute,* qui sera désormais le centre autour duquel graviteront toutes mes pensées, dans quelque position, apparemment *indubitable,* que je me trouve, je me souviens que mon père me disait parfois : « *C'est avec contentement que je vous vois défiant de vous-même... quand on se défie de soi, on se défie des autres, et c'est là une grande sagesse.* »

Puis, par un singulier et étrange contraste, ma mère, aveuglée par l'orgueil maternel, sorte d'égoïsme sublime, qui est chez les femmes ce que la personnalité est chez les hommes, ma mère, après avoir souvent et vainement tenté de m'exalter à mes propres yeux, me disait tristement : « *Mon pauvre et cher enfant, je suis désespérée de te voir si défiant de toi : à force de ne pas croire en toi, tu ne croiras jamais aux autres, et c'est là un terrible malheur.* »

Or, je suis certain que cette défiance insurmontable de moi-même fut pour beaucoup dans les doutes qui m'accablèrent ; ne pensant pas inspirer les sentiments qu'on me disait éprouver pour moi, ils me semblaient alors faux et exagérés ; et n'y croyant pas, je leur cherchais nécessairement un motif d'intérêt ou de duplicité.

Ce qui me confirme assez dans cette opinion, c'est que je n'ai jamais rencontré de plus indomptables, de plus inperturbables *croyeurs* (si ce néologisme peut s'employer) que parmi les sots et les fats... le manque d'intelligence des sots les empêchant de pouvoir observer, réfléchir et comparer; le suprême et excessif amour-propre des fats ne leur permettant pas d'admettre le moindre doute sur leur mérite et les certains et prodigieux effets qu'il doit produire..............................
....

Pour revenir à mes projets d'union avec Hélène, ils furent, de ce jour et de ce doute, à jamais renversés.

Je passai une longue et douloureuse nuit.

Le lendemain j'eus la faiblesse d'éviter ma tante et Hélène; je montai à cheval de grand matin, et j'allai passer ma journée dans une de mes fermes.

Le soir, je revins fort tard, et prétextant une excessive fatigue, je ne parus pas au salon.

En rentrant chez moi, je vis sur la table de mon cabinet ces mots au crayon, écrits de la main d'Hélène, dans un livre qu'elle m'avait renvoyé sous enveloppe : « *Ma mère m'a tout dit... Je serai demain matin à neuf heures dans le pavillon de la pyramide... Vous y viendrez... Ah! que vous avez dû souffrir!* »

Bien que cette entrevue me fût pénible et odieuse dans les dispositions où je me trouvais, ne pouvant l'éviter, je m'y résolus donc.

CHAPITRE IX.

LE PAVILLON.

Le pavillon dans lequel je devais rencontrer Hélène était situé au fond du parc; pour y arriver, il fallait traverser de longues et tristes allées semées de feuilles mortes. Le brouillard du matin tombait si lourd et si épais qu'à peine on voyait à dix pas, bien qu'il fût neuf heures. Les réflexions de la nuit m'avaient encore affermi dans mon doute et dans ma décision ; une fois cet odieux point de départ admis, qu'Hélène était guidée par une arrière-pensée cupide, il ne me devenait malheureusement que trop facile d'interpréter misérablement toutes ses démarches ; ainsi cette sorte d'aveu, presque involontaire, qu'elle m'avait fait, ce chaste cri d'amour sorti d'un cœur depuis longtemps épris peut-être, ne fut plus à mes yeux qu'une avance honteusement calculée.

Que dirai-je ! en me rendant à ce pavillon, mes idées étaient un affreux mélange d'égoïsme, d'amour-propre froissé, de résolution cruelle, et aussi de regrets déchirants d'avoir déjà perdu cette illusion si chère, de n'avoir pas même, un jour, pour me consoler et rasséréner ma pensée... le souvenir d'un premier amour, pur et désintéressé...

Une chose à la fois horrible et ridicule à avouer, c'est qu'il ne me vint pas une minute à la pensée que je pouvais me tromper grossièrement ; qu'en admettant même la possibilité des apparences du mal, il fallait aussi admettre la possibilité du bien ; qu'après tout, à part même le caractère et la noblesse des sentiments que j'avais reconnus à Hélène, mille circonstances, mille particularités pouvaient faire que son amour fût candide et vrai ; et puis enfin, ma fortune étant inhérente à moi, Hélène n'était-elle pas obligée de m'aimer riche, puisque je me trouvais riche ?

Mais non, cette idée fixe et d'une brutalité

presque féroce me dominait tellement que je
ne songeais pas à chercher une seule excuse
en faveur de celle dont je doutais si cruellement.

De longues années se sont passées depuis, et
aujourd'hui que j'examine ma conduite d'alors
avec désintéressement, j'ai du moins la triste
consolation de m'assurer que je ne tâchais pas
à m'autoriser de cette foi aveugle au mal que
je supposais, afin d'éluder l'accomplissement
d'un devoir; car, bien que les bruits que j'ai
dits fussent de tous points calomnieux, aux
yeux du monde ils avaient les dehors absolus
de la réalité, et la dangereuse imprudence de
ma conduite les avait malheureusement accrédités : je devais donc à Hélène la réparation
que mon premier mouvement m'avait porté à
lui offrir; elle était ma parente, elle avait été
une seconde fille pour mon père, je lui avais
reconnu les plus excellentes qualités, et j'avais
eu la conviction de devenir le plus heureux des
hommes en l'épousant. Mais, je le répète, ma
conduite cruelle envers elle ne fut pas dictée
par un de ces instincts sordides qu'on ne s'avoue pas, mais qui vous font agir presque à
votre insu... Plus tard, peut-être, je me fusse
ainsi trompé moi-même à dessein ; mais alors

j'étais pour cela trop jeune, trop confiant dans mon incrédulité... et je me rappelle parfaitement que ce qui me causait l'angoisse la plus cuisante, même avant le dépit de me croire dupe, était le regret désespérant de n'avoir pu inspirer à Hélène un amour véritable.

Enfin, j'arrivai dans le pavillon. Lorsque j'y entrai, Hélène m'attendait, assise près de la porte; elle était enveloppée dans un manteau noir et tremblait de froid. Quand elle me vit, elle se leva, et s'écria avec un indicible accent de douleur en me tendant les mains : « Enfin, vous voilà! Ah! que nous avons souffert depuis deux jours! »

Puis, sans doute frappée de l'expression dure et sèche de mes traits, elle ajouta : « Mon Dieu! qu'avez-vous, Arthur? vous m'effrayez! »

Alors, avec cette cruauté sotte et railleuse qui est le fait des enfants ou des gens heureux et égoïstes qui n'ont jamais souffert, prenant un air insouciant et léger, et lui baisant la main, je répondis : « Comment, je vous effraie! Ce n'est pourtant pas là l'impression que je comptais vous faire éprouver dans un aussi charmant rendez-vous! »

L'air ironique avec lequel je prononçai ces mots était si éloigné de mes façons habituelles qu'Hélène, ouvrant ses grands yeux étonnés, ne me comprit pas ; aussi, après un moment de silence, elle ajouta en soupirant : « Arthur, ma mère m'a tout dit.

— Eh bien ! » lui répondis-je avec indifférence... Puis, fermant le collet de son manteau, j'ajoutai : « Prenez garde, le brouillard est humide et pénétrant... vous pourriez avoir froid. »

La pauvre enfant croyait rêver : « *Comment ! Eh bien !* — reprit-elle en joignant les mains avec stupéfaction, — vous ne trouvez pas cela horrible, infâme ?

— Qu'importe ? puisque cela est faux, — repris-je sans sourciller.

— Qu'importe !... Comment ! il n'importe pas que celle qui portera votre nom soit déshonorée avant d'être votre femme ? »

A ces mots d'Hélène, qui me parurent le comble de l'effronterie et la preuve flagrante de la vérité de mes soupçons, un incroyable besoin de vengeance me souleva le cœur, tous mes scrupules disparurent, et aujourd'hui je bénis le hasard qui a retenu sur mes lèvres les horribles mots qui me vinrent à l'esprit. Heureusement pour moi, je voulus être ironique, et je me contins.

« Hélène, — lui dis-je, — notre conversation doit être grave et sérieuse : veuillez m'écouter. Vous qui êtes la candeur, la franchise et le *désintéressement* personnifiés, — ajoutai-je avec un accent de misérable insolence qui ne put la frapper, tant sa conscience la mettait au-dessus de tout soupçon, — répondez-moi, je vous prie, avec une entière loyauté : notre avenir à tous deux en dépend. »

Selon cet instinct du cœur qui trompe rarement, Hélène pressentit quelque perfidie, car elle s'écria avec angoisse : — Tenez, Arthur, il se passe en vous quelque chose d'extraordinaire ; je ne vous ai jamais vu cet aspect glacial et dur ; vous me faites peur ! Au nom du ciel, que vous ai-je fait ?

— Vous ne m'avez rien fait ; *mais puisque vous porterez mon nom, puisque vous serez ma femme,* et je vous sais un gré infini de cette confiance dans l'avenir, qui nous fait honneur à tous deux, — continuai-je avec un sourir qui l'effrayait, — il faut que vous répondiez à mes demandes.

— De quel air, mon Dieu, vous me dites cela, Arthur ! Je ne comprends pas... qu'est-ce que cela signifie ?... à quoi faut-il que je réponde ?

— Hélène, lorsque la première fois ma présence ou mon avenir vous a impressionnée, lorsqu'enfin vous m'avez aimé, quel a été votre but?

— Mon but!... quel but? encore une fois je ne vous comprends pas, — dit-elle en secouant la tête; puis elle ajouta, confondue d'étonnement : — Tenez, Arthur, vous me torturez à coups d'épingles; au nom de votre mère, expliquez-vous franchement; que voulez-vous de moi? que signifient toutes ces questions?

— Eh bien! tenez, je vais vous égaler en franchise, en grandeur et en pureté de vues; je vais, comme vous, me laisser aller à toute la soudaineté de mes impressions, *sans la moindre arrière-pensée, sans le moindre calcul;* et comme il est hors de doute que vous serez ma femme, et qu'à cette heure charmante nous pouvons, nous devons tout nous confier, je vous dirai comment et pourquoi je vous ai aimée, mais avant j'exige de vous la même confidence... Cela va être un mutuel échange d'aveux généreux et tendres dont mon pauvre cœur se fait une joie extrême, ne trouvez-vous pas? — dis-je avec cet air ironique, froid et cruel qui faisait un mal horrible à la malheureuse enfant, bien qu'elle ne pût deviner les misérables allusions dont je flétrissais son pur et noble amour.

Maintenant que je réfléchis de sang-froid à cette scène, j'ai peur de songer à ce que devait souffrir Hélène en m'entendant ainsi lui parler pour la première fois ; je la vois encore pâle, tremblante de froid et d'inquiétude au milieu de ce pavillon meublé de bois rustique dont les fenêtres ouvertes laissaient voir un brouillard épais ; je rougis de honte en songeant que c'était pour ainsi dire devant un ennemi prévenu, défiant et décidé à tout interpréter méchamment, qu'elle allait, au milieu des larmes, me dévoiler ses tendres et chastes pensées qui précèdent l'aveu ; ces trésors ignorés de l'amant qui lui révèlent des joies, des terreurs, des angoisses qu'il ne soupçonne pas, et qu'il a pourtant causées.

Enfin, Hélène, surmontant son agitation, me dit : — « Arthur, je ne conçois rien à ce qui se passe en vous ; vous voulez que je vous dise comment je vous ai aimé, — ajouta-t-elle les yeux baignés de larmes... — cela est bien simple... Mon Dieu ! étant enfant, j'entendais ma mère sans cesse parler de vous, de la solitude dans laquelle votre père vous faisait vivre, loin des distractions de votre âge, sans amis, presque tous les jours occupé d'études sérieuses, et presque privé des distractions et des plaisirs de votre âge. La première impression que j'éprouvai, en songeant à vous, fut donc de vous croire malheureux, et de vous plaindre... car je jugeais de ce qui devait vous manquer par ce que je possédais : j'avais des compagnes que j'aimais ; ma mère, toujours bonne et tendre, allait au-devant de mes joies enfantines. Enfin, sans savoir pourquoi, j'avais quelquefois honte de me trouver si heureuse tandis que vous meniez une vie qui me paraissait si malheureuse et si isolée ; c'est de là, je crois, que naquit chez moi une espèce d'éloignement pour les jeux de mon enfance ; je me les reprochais, parce que je vous en savais privé ; en un mot, je vous le répète, Arthur, c'est parce que vous me sembliez très à plaindre qu'enfant je m'intéressais autant à vous. Plus tard, quand vous partîtes pour vos premiers voyages, ce furent vos dangers que je m'exagérais sans doute, qui, me faisant trembler pour vous, redoublèrent mon affection... Ce fut alors, comme Sophie vous l'a dit, qu'au couvent j'avais l'enfantillage de fêter votre fête, et que chaque jour je priais Dieu pour votre sûreté... Plus tard encore, lorsque votre pauvre mère mourut... il me sembla que les derniers liens qui restassent à serrer entre nous le fussent par cette horrible perte ; car de ce moment vous me parûtes entièrement isolé, malheureux, et privé de la seule personne en qui vous eussiez jamais eu confiance... Ce fut à cette époque que nous vînmes ici... habiter avec votre père. Ma mère me disait souvent : « que bien que très-bon pour vous... votre père était froid et sévère... » En effet, il me paraissait si grave, si triste, vous me sembliez toujours si craintif en sa présence et si chagrin, si sombre après les conversations que vous aviez avec lui le matin, que je vous plaignais plus amèrement encore, et que mon amour pour vous s'augmentait de toutes les amères souffrances que je vous supposais. Pourtant, tout en redoutant beaucoup votre père, je ne pouvais m'empêcher de l'aimer ; il souffrait tant !... et puis, en me montrant toujours attentive et prévenante pour lui, je pensais encore vous prouver mon amour... Enfin, Arthur, quand vous avez eu la douleur de le perdre, vous voyant seul au monde, il m'a semblé que désormais mon sort était lié au vôtre, que le destin de toute ma vie avait été et devrait être de vous aimer, de vous rendre heureux, que vous n'aviez plus d'asile enfin que dans mon cœur. Vous ne m'aviez jamais dit que vous m'aimiez, mais il semblait que cela devait être... que cela ne pouvait être autrement, que ma vocation était de vous consacrer ma vie ; aussi... chaque jour, j'attendais confiante un aveu de votre part ; et lorsque désespérée de ne pas entendre cet aveu, je vous dis malgré moi : « *Allez, vous n'aimez rien... vous ne serez jamais heureux!...* » c'est qu'il me semblait en effet que vous deviez être toujours malheureux... si vous ne m'aimiez pas... moi qui vous aimais tant! moi qui me croyais si utile à votre bonheur!... Depuis ce jour, vous m'avez avoué que vous m'aimiez ; j'en ai été bien heureuse... bien profondément heureuse ; mais cela ne m'a pas étonnée. Hier, ma mère m'a causé un violent chagrin en me disant toutes ces affreuses calomnies. Ne vous voyant pas, j'ai cru que vous partagiez ma peine à ce sujet... Voilà tout ce que j'avais à vous dire, Arthur, voilà comme je vous ai aimé, voilà comme je vous aime ; mais, par pitié, ne me tourmentez pas ainsi, redevenez ce que vous étiez pour moi!... Pourquoi ce changement? encore une fois, que vous ai-je fait?»

Pendant qu'Hélène s'exprimait avec une simplicité si naïve, et sans doute si vraie, je ne l'avais pas quittée du regard ; au lieu d'être tendrement ému, je l'observais avec la méchante et attentive défiance d'un juge hostile et prévenu ; pourtant, quand elle soulevait ses beaux yeux doux et limpides sous leurs longues paupières, elle les attachait sur les miens avec une assurance si candide et si sereine, qu'il me fallait être aussi aveuglé que je l'étais, pour n'y pas lire l'amour le plus noble et le plus profond.

Mais, hélas ! quand on est possédé par un doute opiniâtre, tout ce qui tend à le détruire dans votre esprit vous irrite, comme dicté par la perfidie et la fausseté ; vous persistez d'autant plus dans votre conviction, que vous vous croiriez dupe en l'abandonnant : les plus incurables vérités vous semblent alors d'adroits mensonges, et les plus nobles et plus soudaines inspirations autant de piéges froidement tendus. J'agis ainsi, et continuai le triste rôle que je m'étais imposé.

— Cela est parfaitement et très-adroitement calculé, — répondis-je ; — les causes et les effets s'enchaînent et se déduisent à merveille... la fable est même fort vraisemblable... et un plus sot s'y laisserait prendre.

— La fable !... quelle fable ? — dit Hélène, qui ne pouvait concevoir mes soupçons.

Mais, sans lui répondre, je continuai : — Puisque vous raisonnez si sagement, comment n'avez-vous pas réfléchi qu'en me permettant de vous témoigner une préférence aussi assidue, vous vous compromettiez gravement ?

— Je n'ai songé à rien, je n'ai réfléchi à rien, puisque je vous aimais ; et pouvais-je d'ailleurs penser que ce que vous faisiez fût mal, puisque j'étais sûre de votre affection ?

— Ainsi, vous songiez dès lors à m'épouser ?

Hélène ne parut pas m'avoir entendu, et reprit : — Que dites-vous, Arthur ?

— Ainsi, — repris-je avec impatience, — vous vous croyiez alors assurée que je vous épouserais ?

— Mais, — me répondit Hélène de plus en plus étonnée, — je ne conçois pas les questions que vous me faites, Arthur... Réfléchissez donc à ce que vous me dites-là... Dieu du ciel ! après nos aveux ! notre amour... ai-je donc pu douter de vous... de... ? — Puis, s'interrompant, elle s'écria : — Ah ! ne vous calomniez pas ainsi !

Cette assurance en elle, ou plutôt cette confiance excessive dans ma loyauté, choqua tellement mon stupide orgueil que j'eus l'horrible courage d'ajouter, il est vrai lentement et avec une angoisse si douloureuse, que mes lèvres devinrent sèches et amères en prononçant ces mots :

« Et dans ces beaux projets d'union, qui ne seront probablement que des projets... *vous n'aviez sans doute jamais songé à* MA FORTUNE ?

Quand ces terribles paroles furent dites... j'aurais donné ma vie pour les étouffer ; car tant que je les avais seulement *pensées,* elles n'avaient pas retenti à mon esprit dans toute leur ignoble signification ; mais lorsque je m'entendis répondre ainsi tout haut à ces aveux si ingénus, si nobles et si touchants, qu'Hélène venait de me faire, elle qui, tout enfant, ne m'avait aimé que parce qu'elle me croyait malheureux... mais lorsque je pensai à la profonde et incurable blessure que je venais de faire à cette âme généreuse, d'une fierté si farouche et si outrée, je fus saisi d'un épouvantable et vain remords.

Hélas ! j'eus tout loisir de savourer l'amertume de mes regrets désespérés, car Hélène fut longtemps à me comprendre... et longtemps à revenir de sa stupeur quand elle m'eut compris.

Mais, lorsque je vis poindre sur ce beau visage l'expression de douleur, d'indignation et de mépris écrasant, qui le rendit d'un caractère majestueux et presque menaçant, je ressentis au cœur un choc si violent que, joignant les mains, je tombai aux genoux d'Hélène en lui criant : — Pardon !

Mais elle, toujours assise, les joues empourprées, les yeux étincelants, se pencha vers moi, puis, tenant mes deux mains qu'elle secoua presque avec violence, et attachant sur moi un regard dont je n'oublierai jamais l'implacable dédain, elle répéta lentement :

« J'aurais songé à votre fortune.... moi !! moi Hélène !!! »

Il y eut dans ces deux mots : « moi Hélène ! » un accent de noblesse et de fierté si éclatant qu'éperdu de honte je courbai la tête en sanglotant.

Alors elle, sans ajouter un mot, se leva brusquement, et sortit du pavillon d'un pas ferme et sûr.

Je restai anéanti.

Il me sembla que désormais ma destinée était irréparablement vouée au mal et au malheur.

Pourtant je résolus de revoir Hélène.

CHAPITRE X.

LE CONTRAT.

Pendant quatre jours qui suivirent la scène du pavillon, il me fut impossible de voir Hélène ou ma tante; je sus seulement par leurs femmes qu'elles étaient toutes deux très-souffrantes.

Ces jours furent affreux pour moi. Depuis ce fatal moment où j'avais si brutalement et à jamais brisé la tendre et délicate affection d'Hélène, mes yeux s'étaient ouverts; j'avais retenu presque mot pour mot ce naïf et candide récit dans lequel elle m'avait raconté sa vie, c'est-à-dire son amour pour moi; plus j'analysais chaque phrase, chaque expression, plus je demeurais convaincu de l'exquise pureté de ses sentiments, car mille occasions où son ombrageuse délicatesse s'était manifestée me revinrent à la pensée.

Puis, ainsi que cela arrive toujours quand tout espoir est à jamais ruiné, ses précieuses qualités m'apparaissaient plus complètes et plus éclatantes encore ; je vis, j'appréciai amèrement une à une toutes les chances de bonheur que j'avais perdues. Où devais-je jamais trouver tant de conditions de félicité réunies : beauté, tendresse, grâce, élégance ? Que dirai-je ! alors l'avenir sans Hélène m'épouvantait, je ne me sentais ni assez fort pour mener une vie solitaire et retirée, ni assez fort pour traverser peut-être sans faillir les mille aspérités d'une existence aventureuse et sans but ; je présentais d'ardentes passions, j'avais tout pour m'y livrer avec excès, indépendance, fortune et jeunesse ; et pourtant cet avenir, désirable pour d'autres, m'affligeait ; c'était un torrent que je voyais bondir, mais dont je ne prévoyais pas l'issue : devait-il s'abîmer dans un gouffre sans fond ? ou plus tard, calmant l'impétuosité de ses eaux, se changer en un courant paisible ?

Puis, défiant et dur comme je venais de l'être, presque malgré moi, avec Hélène, si noble et si douce, à quel amour, désormais, pourrais-je jamais croire ? Ainsi, je ne jouirais pas même de ces rares moments de confiance et d'épanchements qui luisent parfois au milieu des orages des passions ! En un mot, je le répète, l'isolement m'épouvantait ; car il m'eût écrasé de son poids morne et glacé... et sans me rendre compte de cette terreur, la vie du monde m'effrayait... Comme un malheureux que le vertige saisit, je contemplais l'abîme dans toute son horreur, et cependant une attraction fatale et irrésistible m'y entraînait......

Pénétré de ces craintes, de ces pensées, je me décidai à tout tenter pour détruire dans le cœur d'Hélène l'affreuse impression que j'avais dû y laisser.

Le cinquième jour après cette scène fatale, je pus me présenter chez ma tante ; je la trouvai très-pâle, très-changée. Dans notre longue conversation, je lui avouai tout, mes doutes affreux et ce qui les avait causés, ma dureté avec Hélène, son dédain effrayant quand mes sordides et malheureux soupçons s'étaient révélés. Mais je lui dis à quelle influence de souvenir j'avais obéi en agissant si cruellement ; je lui rappelai les maximes désolantes de mon père, je cherchai une excuse dans l'impression ineffable qu'elles avaient dû laisser en moi ; je lui peignis la malheureuse position d'Hélène aux yeux du monde si elle s'opiniâtrait dans son éloignement pour moi. Car ces bruits étaient calomnieux sans doute, mais enfin ils existaient, et maintenant c'était à genoux, au nom de l'avenir d'Hélène et du mien, que je suppliais sa mère d'intercéder pour moi.

Ma tante, bonne et généreuse, fut attendrie; car ma douleur était profonde et vraie : elle me promit de parler à sa fille, de tâcher de détruire ses préventions, et de l'amener à accepter ma main.

Hélène continuait à refuser de me voir.

Enfin, deux jours après, ma tante vint m'apprendre qu'ayant longuement combattu les puissantes préventions d'Hélène contre moi, elle l'avait décidée à me recevoir, mais qu'elle ignorait encore sa résolution.

J'allai donc chez elle avec sa mère, j'étais dans un état d'angoisse impossible à rendre. Quand j'entrai, je fus douloureusement frappé de la physionomie d'Hélène ; elle paraissait avoir cruellement souffert ; mais son aspect était froid, calme et digne.

« J'ai voulu vous voir, monsieur, — me dit-elle d'une voix ferme et pénétrante, — pour vous faire part d'une décision que j'ai prise, après y avoir longuement pensé ; il m'est pénible maintenant d'avoir à vous rappeler des aveux...... qui ont été si cruellement accueillis, mais je me le dois et je le dois à ma mère... Je vous aimais... et me croyant sûre de la noblesse et de la vérité des sentiments que vous m'aviez témoignés, comptant sur l'élévation de votre caractère, beaucoup plus sans doute par instinct que par réflexion, j'avais mis dans l'habitude de mes relations avec vous une confiance aveugle qui a malheureusement passé aux yeux du monde pour la preuve d'une affection coupable; aussi, à cette heure, monsieur, ma réputation est-elle indignement attaquée...

— Croyez, Hélène, — m'écriai-je, — que ma vie !... »

Mais me faisant un signe impératif, elle continua : « Je n'ai plus au monde que ma mère pour me défendre... et d'ailleurs, si la calomnie la plus insensée laisse toujours des traces indélébiles... la calomnie basée sur de graves apparences tue et flétrit à jamais l'avenir... Je me trouve donc, monsieur, placée entre le déshonneur, si je n'exige pas de vous la seule réparation qui puisse imposer à l'opinion publique, ou la vie la plus effroyable pour moi, si j'accepte de vous cette réparation; car le doute que vous avez exprimé, les mots que vous avez prononcés retentiront à toute heure et à tout jamais dans ma pensée.

— Non, Hélène, — m'écriai-je ; — les paroles de la tendresse la plus vraie, du repentir le plus sincère, les chasseront de votre pensée, ces mots affreux, si vous êtes assez généreuse pour suivre une inspiration qui vous vient du ciel! » Et je me jetai à ses genoux.

Elle me fit relever, et continua avec un sang-froid glacial qui me navrait : « Vous comprenez, monsieur, que profondément indifférente à l'opinion d'un homme que je n'estime plus, et forte de ma conscience, j'aime mieux encore passer à vos yeux pour cupide...

— Hélène! Hélène!... par pitié!

— Que de passer aux yeux du monde pour infâme... — ajouta-t-elle. — Aussi, cette réparation que vous m'avez offerte, je l'accepte...

— Hélène... mon enfant! — dit sa mère en se jetant dans ses bras; — Arthur aussi est généreux et bon, il a été égaré, aie donc pitié de lui...

— Hélène, — dis-je avec une exaltation radieuse, — je vous connais... vous auriez préféré le déshonneur... à cette vie de mépris pour moi... si votre instinct ne vous assurait pas que, malgré un moment d'affreuse erreur, j'étais toujours digne de vous!

Hélène secoua la tête et ajouta, rougissant encore d'un souvenir d'indignation : — Ne croyez pas cela... Dans une circonstance aussi solennelle je ne dois ni ne veux vous tromper... la blessure est incurable ; jamais... jamais je n'oublierai qu'un jour vous m'avez soupçonnée d'être vile.

— Si ! si ! vous l'oublierez, Hélène ! et pour moi, qui entends les prévisions de mon cœur, l'avenir me répond du passé.

— Jamais je ne n'oublierai, je vous le répète, — dit Hélène avec sa fermeté habituelle. — Ainsi, songez-y bien, il en est temps... rien ne vous lie... que l'honneur... vous pouvez me refuser ce que je vous demande à cette heure ; mais ne croyez pas que je change jamais... Je vous le répète, pour l'éternité de cette vie... mon cœur sera séparé du vôtre par un abîme.

— Croyez-le... croyez-le, — dis-je à Hélène ; car je me sentais rassuré par toutes les présomptions de ma tendresse. — Croyez cela ! que m'importe ! mais votre main... mais le droit de vous faire oublier les chagrins que je vous ai causés, voilà ce que je veux, voilà ce que j'accepte, voilà ce que je vous demande à genoux...

— Vous le voulez ? — me dit Hélène en attachant sur moi un regard pénétrant, et semblant éprouver un moment d'indécision.

— Je l'implore de vous comme mon bonheur éternel, comme l'heureux destin de ma vie... Enfin, — lui dis-je les yeux baignés de larmes... — je l'implore de vous avec autant de religieuse ardeur que si je demandais à Dieu... la vie de ma mère.

— Ce sera donc, je vous accorde ma main, — dit Hélène en détournant les yeux afin de cacher l'émotion qui la surprit pour la première fois depuis notre entretien.

. . . .

J'étais le plus heureux des hommes... Je connaissais trop l'ombrageuse susceptibilité d'Hélène pour ne m'être pas attendu à ces reproches ; son cœur avait été si cruellement frappé, que la plaie devait être encore longtemps vive et saignante ; je sentais qu'il fallait peut-être des jours, des années de soins tendres et délicats pour cicatriser cette blessure ; mais je me sentais si certain de mon amour, si heureux de l'avenir, que je ne doutais pas de réussir. Noble et loyale comme je connaissais Hélène, sa promesse même me prouvait qu'elle ressentait sans doute encore de la colère, mais qu'elle m'estimait toujours ; qu'elle avait lu dans mon cœur, et qu'elle était persuadée, à son insu, qu'en exprimant l'affreuse pensée qui l'avait si affreusement blessée, je n'avais été que l'écho involontaire des maximes désolantes de mon père.

. . . .

. . . .

Nous partîmes bientôt pour la ville de ***, où habitaient Hélène et sa mère.

Notre mariage, annoncé avec une sorte de solennité, fut fixé pour une époque très-rapprochée, car j'avais supplié Hélène de me permettre de hâter cet heureux moment, autant que le permettrait l'exigence des actes publics.

Mon cœur bondissait d'espoir et d'amour. Jamais Hélène ne me parut plus belle : son visage, ordinairement d'une expression douce et tendre, avait alors un air de fierté grave et mélancolique qui donnait à ses traits un caractère plein d'élévation ; je trouvais de la grandeur et une noble estime de soi dans cette détermination qui lui faisait alors braver, de toute la conscience de son inaltérable pureté, mes doutes offensants, si indignes d'ailleurs d'être un instant comptés par cette âme loyale. Ainsi je me laissais entraîner aux projets de bonheur les plus riants. Je me trouvais presque heureux de la froideur qu'Hélène continuait de me témoigner, car je voyais encore là les instincts des esprits généreux, qui souffrent d'autant plus vivement d'une injure, qu'ils sont d'une sensibilité plus exquise.

La cruelle indécision qui m'avait tant effrayé sur mon avenir s'était changée en une sorte de certitude paisible et sereine ; tout à l'horizon me paraissait radieux : c'était cette vie intérieure que j'avais d'abord rêvée, et pour ainsi dire expérimentée à Serval : une existence calme et contente ; et puis, le dirai-je ! chaque conquête que je devais faire sur les tristes ressentiments d'Hélène me ravissait : je pensais avec une ivresse indicible qu'il fallait pour ainsi dire recommencer à me faire aimer d'Hélène. Avec quelle joie je pensais à fermer peu à peu cette plaie funeste ! Je me sentais si riche de tendresse, de dévouement et d'amour, que j'étais sûr de ramener peu à peu sur cet adorable visage sa première expression de bonté confiante et ingénue, de fixer à jamais sur ses lèvres charmantes leur ineffable sourire d'autrefois, au lieu du sérieux mépris qui les plissait encore... de voir ce regard dur et dédaigneux s'adoucir peu à peu... de méprisant devenir sévère, puis triste, puis mélancolique... bienveillant... tendre... et de lire enfin dans son riant azur ce mot béni : *Pardon !*

. . . .

Jusqu'aux moindres détails matériels des préparatifs de notre union, tout me ravissait; je m'en occupais avec une joie d'enfant. Ne voulant pas quitter Hélène, j'avais prié une amie de ma mère, femme d'un goût parfait, de m'envoyer de Paris tout ce qu'on peut imaginer d'élégant, de recherché, de magnifique, pour la corbeille d'Hélène.

Je me souviens que ce fut dans deux de mes voitures, que j'avais fait venir de Serval, que ces présents furent portés à Hélène, et offerts par mon intendant; j'avais mis un grand faste dans cette sorte de cérémonie : les deux voitures, gens et chevaux, en grand équipage de gala, allèrent ainsi respectueusement au pas jusqu'à la demeure d'Hélène, à la grande admiration de la ville de ***.

Lorsque ces merveilles de goût et de somptuosité furent déposées dans le salon de ma tante et qu'Hélène y parut, le cœur me battait de joie et d'angoisse en épiant son premier regard à la vue de ces présents.

Ce regard fut indifférent, distrait et presque ironique.

Cela me fit d'abord un mal horrible, une larme me vint aux yeux : j'avais mis, hélas! tant d'amour, tant de soins à ces préparatifs!...

Puis bientôt je vins à penser que rien n'était plus naturel et plus conséquent au caractère d'Hélène, que sa froideur dédaigneuse pour ce luxe. Avec l'arrière-pensée que je lui avais si indignement prêtée, pouvait-elle me savoir gré de ce faste éclatant?

Vint enfin le jour de signer le contrat. En province c'est une solennité, et un assez grand nombre de personnes se rendirent chez ma tante pour assister à cet acte.

Hélène était à sa toilette, on l'attendit quelque temps dans le salon de ma tante; pendant que je supportais l'ennui des plus sottes félicitations, le notaire vint me demander si rien n'était changé dans mes intentions au sujet du contrat, tant sa rédaction semblait étrange au garde-note; je répondis assez impatiemment que non.

Dans cet acte, dont je m'étais réservé le secret, je reconnaissais à Hélène la totalité de ma fortune. Ce qui seulement me surprit, ce fut la facilité d'Hélène à m'accorder le droit de faire à ma guise ces dispositions; puis je l'attribuai, avec raison, à l'extrême répugnance qu'elle devait avoir à s'occuper de toute affaire d'intérêt.

Enfin Hélène parut dans le salon : elle était

un peu pâle, paraissait légèrement émue. Je la vois encore entrer, vêtue d'une robe blanche toute simple, avec une ceinture de soie bleue; ses magnifiques cheveux, tombant de chaque côté de ses joues en grosses boucles blondes, étaient simplement tordus derrière sa tête. Rien de plus enchanteur, de plus frais, de plus charmant que cette apparition, qui sembla changer tout à coup l'aspect de ce salon.

Hélène s'assit à côté de sa mère, et je m'assis à côté d'Hélène.

Le notaire, placé près de nous, fit un geste pour recommander le silence, et commença la lecture du contrat.

Lorsqu'il en vint à l'article qui assurait et reconnaissait à Hélène tous mes biens, le cœur me battait horriblement, et confus, presque honteux, je baissais les yeux, craignant de rencontrer son regard.

Enfin cet article fut lu.

On connaissait la médiocrité de la fortune de ma tante, aussi mon désintéressement fut-il accueilli avec un murmure approbateur.

Alors je me hasardai de lever les yeux sur Hélène : je rencontrai son regard ; mais ce regard me fit frissonner, tant il me parut froid... dédaigneux... presque méchant.

On acheva la lecture du contrat.

Au moment où le notaire se levait pour présenter la plume à Hélène afin de le signer, Hélène se leva droite et imposante, et d'une voix ferme dit ces mots :

« Maintenant, je dois déclarer que, pour une cause qui n'attaque en rien l'honneur de M. le comte Arthur, mon cousin, il m'est impossible de lui accorder ma main. »

Puis, s'adressant à moi, elle me remit une lettre en me disant : « Cette lettre vous expliquera le motif de ma conduite, monsieur, car nous ne devons jamais nous revoir. »

Et saluant avec une assurance modeste, elle se retira accompagnée de sa mère, qui partageait la stupéfaction générale.

. . . .
. . . .

Tout le monde sortit...

On pense l'éclat et le bruit que fit cette aventure dans la ville et dans la province.

Je me trouvai seul dans le salon... j'étais anéanti.

Ce ne fut que quelques moments après que je me décidai à lire la lettre d'Hélène.

Cette lettre, que j'ai toujours conservée depuis, la voici.

Huit ans se sont écoulés ; j'ai passé par des émotions bien diverses et bien saisissantes ; mais j'éprouve encore un sentiment douloureux, une sorte d'ardeur vindicative, en lisant ces lignes si empreintes d'un incurable et écrasant mépris :

« Après les bruits calomnieux qui avaient
» entaché ma réputation, et que vous aviez
» provoqués par la légèreté de votre conduite
» envers moi, il me fallait une réparation pu-
» blique, éclatante : je l'ai obtenue... je suis
» satisfaite. En me voyant renoncer de mon
» propre gré à cette union aussi avantageuse
» pour moi sous le *rapport de la* FORTUNE, le
» monde croira sans peine que ce mariage n'é-
» tait pas nécessaire à ma réhabilitation, puis-
» que je l'ai hautement repoussé.

» Vous avez été bien aveugle, bien présomp-
» tueux ou bien étranger aux généreux ressen-
» timents, puisque vous avez pu croire un
» instant que je ne vous ai pas à tout jamais
» et profondément méprisé, du moment où
» vous m'êtes apparu sous un jour aussi sor-
» dide, du moment où vous m'avez dit, à moi...

» Hélène!... qui vous avais aimé dès l'enfance,
» et qui venais de vous faire l'aveu le plus con-
» fiant et le plus loyal : — *Hélène, vous avez*
» *tout calculé ; vos aveux, votre tendresse, vos*
» *souvenirs, tout cela est feint et menteur ;*
» *c'est un infâme artifice, car vous ne songez*
» *qu'à* MA FORTUNE. — Un pareil soupçon tue
» l'affection la plus outrée. Je vous aurais tout
» pardonné, perfidie, inconstance, abandon,
» parce que tel coupable ou criminel que soit
» l'entraînement des passions, ce mot *passion*
» peut lui servir d'excuse ; mais cette défiance
» froide, hostile et hideusement égoïste, qui,
» couvant des yeux son trésor, soupçonne les
» plus généreux sentiments d'y vouloir puiser,
» ne peut être causée que par la cupidité la
» plus basse ou la personnalité la plus hon-
» teuse. Vous blasphémez et vous mentez en
» invoquant le souvenir de votre père... Votre
» père était assez malheureux pour croire au
» mal, mais il était assez généreux pour faire
» le bien. Ne me parlez pas de repentir..., chez
» vous l'instinct d'abord a parlé ; votre pre-
» mière impression a été infâme... le reste est
» venu par réflexion, par honte de cette indi-
» gnité ; cela ne me paraît que plus méprisable,
» car vous n'avez pas même l'énergie persis-

» tante du mal : vous en avez la honte, et non
» pas le remords. » . . . .
. . . .

Jamais... je ne pourrai rendre la confusion, la rage, la haine, le désespoir, qui m'exaltèrent après avoir lu cette lettre, en me voyant joué si froidement, et si injustement accusé ; car, après tout, ce doute avait été dû à une influence suprême, et je ne me sentais aucunement cupide. Mon regret, ma résolution d'épouser Hélène malgré ses dédains, l'abandon que je lui avais fait de mes biens, me faisaient assez ressentir que j'avais aussi en moi de nobles et généreuses inspirations.

Néanmoins, en me rappelant combien j'avais été tendrement aimé, et me voyant alors si profondément méprisé, je compris tellement que tout espoir était perdu que je sentis, ainsi que je l'avais déjà éprouvé, une sorte de vertige s'emparer de moi en voyant l'avenir de ma vie changer si soudainement ; il me sembla que, de ce moment, je me vouais résolument à ma perte, et c'est avec un regret déchirant que je m'écriai : « Hélène, vous m'avez été impitoyable ; vous aurez peut-être un jour à répondre d'un avenir bien fatal ! » . . . .

. . . .

Le soir même je partis pour Paris, désirant y arriver au milieu de l'hiver, pour m'y trouver au cœur de la saison, et chercher à m'étourdir par les distractions de cette vie ardente et agitée.

MADAME LA MARQUISE DE PENAFIEL.

CHAPITRE XI.

PORTRAITS.

Un an après mon arrivée à Paris, les paisibles jours que j'avais passés à Serval avec Hélène me semblaient un songe, songe frais et fleuri, qui contrastait trop tristement avec mes impressions nouvelles pour que j'y reportasse souvent ma pensée. De ce moment aussi, j'acquis cette conviction : que la prétendue *douceur des souvenirs* est un mensonge ; dès qu'on regrette le passé, les souvenirs sont pleins d'amertume, et, par cette comparaison même, le présent devient plus odieux encore.

L'éclatant refus d'Hélène m'avait profondément blessé dans mon amour et dans ma vanité ; je mis donc de l'orgueil à ne pas me trouver malheureux, et je réussis du moins à m'étourdir. Je parvins d'abord à être ravi de me voir libre, et à faire mille rêves d'or sur l'emploi de cette liberté. Puis je tâchai d'excuser à mes propres yeux l'ingrat oubli où je laissais la mémoire de mon père ; je me dis que, par compensation, j'avais au moins pieusement obéi à l'une de ses muettes inspirations en échappant aux projets intéressés d'Hélène. — Car quelquefois je cherchais encore une misérable consolation, ou plutôt une infâme excuse à ma conduite, dans de nouveaux et indignes soupçons sur cette noble fille, qui d'ailleurs avait quitté sa province pour faire un voyage en Allemagne avec sa mère.

Pourtant, malgré l'amertume de mes regrets, comme toujours, le passé se voila peu à peu, s'obscurcit et s'effaça presque tout à fait.

Je ne sais si ce fut l'inexplicable enivrement de la vie de Paris qui devait me causer plus tard cette indifférence à propos de jours autrefois si chers à mon cœur.

Je n'avais pourtant pas apporté à Paris un étonnement de provincial ; j'étais resté à Londres pendant deux brillantes saisons, et, grâce aux anciennes et intimes relations de mon oncle et de notre ambassadeur, relations que mon père et ma tante lui avaient rappelées, en me recommandant à lui lors de mon voyage, je m'étais trouvé placé dans le meilleur et le plus grand monde d'Angleterre. Or, l'aristocratie anglaise, fière, absolue et justement vaine de son incontestable supériorité de richesse et d'influence sur toutes les aristocraties européennes ; la haute société anglaise, dis-je, est d'un abord si glorieusement réservé pour les étrangers qu'elle admet dans son cercle restreint, qu'une fois qu'on a subi ou bravé son accueil d'un cérémonial aussi imposant, on peut pour ainsi dire respirer partout à l'aise.

Et néanmoins, dans la vie de Paris, qui ne peut en rien se comparer à la splendeur colossale de l'existence qu'on mène à Londres, il y a ce qu'on ne trouve ni à Londres ni ailleurs ; il y a je ne sais quel charme enivrant, inexprimable, auquel les esprits les plus calmes et les plus prévenus ne peuvent souvent échapper.

Quant à *la vie de Paris*, selon son acception véritable, et si on veut en considérer la fleur la plus brillante, elle se borne à l'existence élégante et raffinée que mène l'élite de cinq ou six salons, dans un ou deux quartiers de cette ville, où sont accumulés des plaisirs de toute sorte.

En arrivant à Paris, je n'eus heureusement pas à faire cet apprentissage de la vie matérielle, qui coûte souvent aux étrangers tant d'argent et de désappointement. Mon père avait si longtemps habité cette ville que, grâce à mes traditions de famille sur le confortable de l'existence, j'évitai dès l'abord une foule d'écueils. Ainsi, au lieu de me caser très-chèrement et très à l'étroit dans une de ces espèces de ruches fourmillantes et bruyantes, à cinq ou six étages, qui commencent aux éblouissements des magasins et finissent à la misère des mansardes, je louai un petit hôtel près des Champs-Élysées, je fis venir de Serval mes gens et mes chevaux, et je montai ma maison sur un pied honorable.

J'allai voir quelques alliés ou parents éloignés de ma famille. Ils me reçurent à merveille; ceux-ci par respect pour le nom de mon père, ceux-là parce qu'ils avaient des filles à marier, et que j'étais sans doute à leurs yeux ce qu'on appelle *un bon parti ;* d'autres enfin parce qu'il est toujours précieux pour les oisifs d'avoir une visite de plus à faire dans la journée, et de pouvoir ainsi de temps à autre placer une de leurs heures inoccupées.

Parmi ces derniers se trouvait M. le comte Alfred de Cernay; un de mes amis de Londres, qui le connaissait parfaitement, m'avait donné pour lui des lettres, et sur lui des renseignements très-dignes de créance, et dont je reconnus moi-même toute l'exactitude.

Je les rapporte ici, parce que, sans être un homme éminemment distingué, M. de Cernay était le type d'un *homme à la mode* dans la plus large et la moins vulgaire acception de ces mots, or l'*homme à la mode* de nos jours a une physionomie toute particulière.

M. de Cernay avait environ trente ans, une figure charmante, et ne manquait pas d'un certain esprit courant et comptant; il était assez fin, assez moqueur, tout en affectant une sorte de bonhomie distinguée qui lui donnait la réputation de *bon compagnon*, bien qu'il eût à se reprocher, m'avait-on dit, quelques perfidies et d'assez méchantes médisances; très-élégant, quoique visant un peu à l'originalité, il s'habillait à sa façon, mais du reste à ravir; il était très-connaisseur et amateur de chevaux, avait les plus jolis équipages qu'on pût voir, et se montrait, de plus, aussi grand *sportman* qu'homme au monde.

M. de Cernay était fort riche, fort intéressé et singulièrement entendu aux affaires, trait de mœurs particulier à notre époque, et qui semble (à tort pourtant) exclure toute idée de grâce et d'éclat. M. de Cernay ne se refusait rien, son luxe était extrême ; mais il comptait lui-même très-exactement avec ses gens, était inexorable pour toute dépense qui ne rapportait pas au moins un *intérêt d'évidence*, spéculait à propos, ne se faisait aucun scrupule d'assigner ses fermiers en retard, et rédigeait ses baux lui-même ; car (faut-il avouer cette énormité !) il avait fait dans le plus profond mystère une manière de cours de droit sous la direction d'un ancien procureur. Mais on doit dire qu'au dehors cette expérience procédurière ne se trahissait en rien chez le comte ; ses manières étaient parfaites, de très-bonne et ancienne noblesse ; il demeurait aussi grand seigneur qu'on peut l'être de notre temps ; enfin son esprit d'ordre dans le superflu, et d'économie dans le luxe, n'eût peut-être été absolument perceptible qu'aux gens qui auraient pu lui demander quelque service, et ceux-là sont toujours les derniers à parler des refus qu'on leur fait.

Rien d'ailleurs de plus sage, de plus louable, que cette manière de vivre d'une prudence si prévoyante et si arrêtée. J'insiste dans mon souvenir sur cette particularité très-significative, parce qu'elle devait être une conséquence de notre époque, d'un positif exact et rigoureux.

De nos jours on ne se ruine plus ; il est du plus mauvais goût d'avoir des dettes, et rien ne paraîtrait plus ridicule et plus honteux que cette existence folle, désordonnée, et, au résumé, souvent fort peu délicate et honorable, qui a été longtemps tolérée comme type de la *délicieuse étourderie française*, que la vie vagabonde enfin de ces charmants *mauvaises têtes et bons cœurs* qui, ayant au contraire d'excellentes têtes et de fort mauvais cœurs, étaient généralement les plus vilaines gens du monde.

Rien au contraire aujourd'hui n'est de meilleure compagnie que de parler de ses biens, de ses terres, des améliorations qu'on y fait, et des essais agricoles, de l'aménagement de ses bois et de la beauté des *élèves* de toute sorte qu'on nourrit dans ses prés; on devient, en un mot, extrêmement *régisseur,* et l'on a raison, car ces derniers jouissaient seuls et en maîtres du peu de magnifiques résidences qui restassent encore en France. Les séjours qu'on fait dans les terres se prolongent de plus en plus, et il y a une réaction évidente vers la vie du château pendant huit mois de l'année, et vers la vie des clubs à Paris durant l'hiver.

Mais pour revenir à M. de Cernay, il était

aussi très-grand, très-noble et surtout très-savant joueur, ce qui semblerait d'abord assez contredire les principes d'ordre dont on a parlé.
— Loin de là. — Pour la plupart des gens du monde le jeu n'est plus un effrayant défi qu'on jette à la destinée, une source brûlante d'émotions terribles; c'est beaucoup plus une affaire qu'un plaisir. On a sa *bourse de jeu,* somme qu'on ne dépasse pas; c'est encore un capital qu'on tâche de rendre le plus productif possible en le ménageant, en ne le hasardant pas, en étudiant les règles et les combinaisons du jeu avec une ardeur incroyable, en se pénétrant bien de son essence, en s'exerçant constamment, en se livrant à ses essais avec une profonde et méditative attention; de la sorte, souvent la *bourse de jeu,* dans les bonnes années, rapporte quinze et vingt pour cent aux joueurs froids, prudents et habiles. Du reste, le jeu étant ainsi devenu une affaire de science exacte, d'intérêt, et généralement de haute probité, les forces des joueurs sont assez également réparties pour qu'on puisse se permettre toute l'irritante anxiété d'un coup de douze ou quinze cents louis, parce qu'on sait bien qu'au bout des *mauvaises* années, la balance du gain et de la perte est à peu près égale. Encore une fois,

rien de plus curieux dans notre époque que cette lutte singulière entre une sage et froide prévoyance qui songe à l'avenir et les passions ardentes, naturelles à l'homme, auxquelles l'on trouve moyen de satisfaire à peu près par cette espèce d'assurance calculée contre leurs fâcheux résultats [1].

M. de Cernay avait eu, disait-on, assez de succès auprès des femmes; mais en *vieillissant,* comme il disait, il trouvait mieux, afin d'être plus libre, plus ordonné, et de satisfaire aussi à son goût pour l'évidence, qui était un des traits saillants de son caractère, il trouvait

---

[1] Comme trait de physionomie bien contrastant avec nos mœurs, on ne peut s'empêcher de citer ce billet de madame la princesse d'Henin à madame de Créquy, rapporté dans les délicieux et spirituels souvenirs de madame de Créquy :

« Je ne vous dirai pas, *vous qui savez tout,* puisque vous êtes excédée
» de cette formule, mais vous qui n'ignorez de rien, ma chère, ayez la
» bonté de m'expliquer une chose que je ne conçois pas et qui paraît
» devoir importer à mes intérêts financiers (pardon du motif). Je com-
» mencerai par vous dire que M. de Lally est à Saint-Germain, et que
» madame de Poix ne sait que répondre à la question qui m'occupe ;
» ses enfants sont en course, et voilà pourquoi je vous écris dare-dare
» à l'autre bout de Paris. — Le chevalier de Thuysi m'écrit mot pour
» mot : *Je vous conseille de prendre garde au sieur Lefèvre, on m'a*
» *prévenu qu'il allait* DÉPOSER SON BILAN. (Je vous dirai que ce Lefèvre
» est devenu mon homme d'affaires depuis que je n'ai plus d'affaires.)
» Mais que faut-il conclure de cet avertissement du chevalier ? — Dites-
» nous, je vous prie, ce que signifie *déposer son bilan ?* Madame de
» Poix suppose que c'est une sorte de métaphore, et nous en sommes là. »

mieux, dis-je, d'avoir aussi une *bourse de cœur* qu'il ne dépassait pas d'une obole, et qu'il mettait annuellement aux pieds d'une des beautés les plus en vogue d'un des trois grands théâtres.

J'avais envoyé ma carte et les lettres de notre ami commun chez M. de Cernay. — Le surlendemain il vint me voir et ne me trouva pas ; quelques jours après, j'allai chez lui un matin. — Il habitait seul une fort jolie maison qui me parut le triomphe du confortable joint à une élégante simplicité.

Son valet de chambre me pria d'attendre un instant dans un salon où je remarquai quelques beaux tableaux de chasse par Géricault.

Cinq minutes après mon arrivée, M. de Cernay entra. — Il était grand, svelte, élégant ; avait une figure des plus agréables et les manières de la meilleure compagnie.

Le comte m'accueillit à ravir, me parla beaucoup de notre ami commun, et se mit à mes ordres avec la plus aimable obligeance.

Je m'aperçus qu'il m'observait. J'arrivais de province, mais j'avais beaucoup voyagé, et j'étais resté longtemps en Angleterre ; aussi ne savait-il pas sans doute s'il devait me traiter en provincial ou en homme déjà du monde.

Pourtant, je crois que ce qui l'engagea à me considérer décidément sous ce dernier aspect, fut le léger dépit qu'il me sembla éprouver de ne pas me voir plus sous le charme *de sa renommée* de grande élégance. Envié, imité, flatté, il trouvait peut-être ma politesse trop aisée et pas assez étonnée.

Or, je l'avoue, cette nuance imperceptible, ce léger dépit de M. de Cernay me fit sourire.

Il me proposa de prendre une tasse de thé avec lui, deux de ses amis et un renégat italien au service de Méhémet-Ali, homme d'une grande bravoure et qui avait eu les aventures les plus romanesques, ayant été, — me dit le comte sans s'expliquer davantage, — obligé d'assassiner deux ou trois femmes et autant d'hommes pour sortir d'une position *délicate.*

Je ne m'étonnai que médiocrement de cette singulière compagnie, car on m'avait déjà dit que M. de Cernay était fort curieux de *lions* de toute espèce ; et dès qu'il arrivait à Paris un Arabe, un Persan, un Indien, un étranger de quelque distinction, M. de Cernay se le faisait aussitôt présenter. Était-ce pour attirer encore davantage l'attention par ces voyants et étranges acolytes ? était-ce pour que son renom d'homme à la mode parvînt même au delà des rives du Gange et du Nil ? Je ne sais, mais cela était ainsi.

« Voulez-vous rester prendre le thé avec moi, — me dit donc M. de Cernay; — sans compter, mon renégat, vous verrez un des hommes les plus excentriques et les plus spirituels que je sache, un des hommes les plus sots et les plus ridicules que je connaisse : le premier est lord Falmouth, le second est M. du Pluvier.

— J'ai fort entendu parler de lord Falmouth, — lui dis-je, — et ce serait pour moi une précieuse bonne fortune que de le rencontrer ; mais je le croyais encore aux Indes ?

— Il est arrivé depuis un mois seulement, — me dit M. de Cernay; — mais vous savez sans doute comme il s'est décidé à ce voyage ? Du reste, ainsi qu'il fait toujours, Falmouth se couche assez généralement à six ou sept heures du matin. Or un jour, il y a environ dix-huit mois de cela, il se lève sur les quatre heures du soir; il avait mal dormi, était inquiet, agité, nerveux; il avait de plus énormément gagné au jeu, ce qui l'avait privé des émotions qui le sortent parfois de l'engourdissement de sa vie décolorée; enfin il s'ennuyait un peu plus horriblement que d'habitude. Il sonne son valet de chambre, et demande le temps qu'il fait. — Le

temps était gris, sombre, brumeux. — Ah ! toujours du brouillard ! jamais de soleil ! dit Falmouth en bâillant affreusement : puis du plus grand sang-froid du monde, il ajoute alors :
— Envoyez chercher des chevaux. — Les chevaux arrivent, sa voiture de voyage est toujours prête ; on attelle ; son valet de chambre, très-instruit des habitudes de son maître, fait faire ses malles, et deux heures après, milord descendait de chez lui disant à son concierge : — Si on me demande, vous direz que je suis allé... et il hésita un moment entre Constantinople et Calcutta ; enfin il se décida pour Calcutta, et reprit avec un énergique et nouveau bâillement :
— Que je suis allé à Calcutta.

— En effet il y va, y reste trois mois, et revient avec l'impassibilité la plus admirable, tout comme s'il eût été simplement question d'aller à Baden.

— Lord Falmouth est d'ailleurs un homme extrêmement distingué ? — dis-je au comte.

— Il a infiniment d'esprit et du meilleur, — me répondit-il, — une instruction prodigieuse, et une non moins merveilleuse expérience pratique des hommes et des choses ; ayant voyagé dans les quatre parties du monde et surtout vu les principales cours de l'Europe, comme les peut visiter un pair d'Angleterre, fils aîné d'un des plus grands seigneurs des trois royaumes, et qui jouit, en attendant mieux, de cinq à six cent mille livres de revenus ; et, avec tout cela, Falmouth est le seul homme véritablement blasé et ennuyé que je connaisse ; il a tout épuisé, rien ne l'amuse plus.

— Et M. du Pluvier, — dis-je à M. de Cernay, — quel est-il ?

— Oh ! M. le baron Sébastien du Pluvier, — me dit le comte d'un air dédaigneux et moqueur ; — M. du Pluvier est je ne sais pas qui, et il arrive je ne sais pas d'où ; ça m'a été une présentation forcée : il débarque de quelque castel de Normandie, je crois, avec une misère de vingt ou trente malheureuses mille livres de rente, qu'il va bêtement fondre dans l'enfer de Paris en deux ou trois hivers. Ce sera un de ces innombrables et pâles météores qui luisent un moment sous le ciel enflammé de la grande ville, et disparaissent bientôt à jamais dans l'ombre et l'oubli parmi les huées de ceux qui restent. Après cela, ajouta le comte, c'est une excellente trompette : dès que je veux m'amuser à répandre quelque bruit absurde ou quelque propos de l'autre monde, à l'instant *j'embouche*, si cela se peut dire, M. du Pluvier, et il fait merveilles ; d'ailleurs, je m'en divertis sans pitié, parce qu'il ne se contente pas d'être sot, et qu'il est encore fat et vain. Il faut, par exemple, voir l'air mystérieux avec lequel il vous montre des enveloppes de lettres à cachets armoriés, toutes d'ailleurs à son adresse ; il faut l'entendre vous demander, en se rengorgeant : — Connaissez-vous l'écriture de la comtesse de ?... de la marquise de ?... de la duchesse de ?... (le mot de madame était de trop mauvaise compagnie pour lui). — Et puis, le petit homme vous montre en effet de ces écritures-là, qui ne sont autre chose que des demandes sans fin pour des quêtes, des bals, des loteries ; car toutes les femmes de ma connaissance, à qui je le désigne comme victime, l'en accablent sans scrupules et par douzaines... ce qui le rend bien le garçon le plus philanthropiquement ridicule que je connaisse. — Mais, — dit M. de Cernay en s'interrompant, — j'entends une voiture, je parie que c'est du Pluvier ; vous allez voir quelque chose qui mérite votre admiration.

En effet, nous allâmes à la fenêtre, et nous vîmes entrer dans la cour une calèche attelée d'assez beaux chevaux ; mais la voiture et les harnais étaient surchargés d'ornements de cuivre du plus mauvais goût ; ses gens, vêtus de livrées galonnées, avaient l'air de suisses d'église : qu'on juge du ridicule de tout cet affreux et éblouissant gala, pour venir déjeuner chez un homme le matin ?

Bientôt, M. du Pluvier entra bruyamment. — C'était un petit homme gros, ragot, bouffi, trapu, rouge comme une cerise, blond, et, quoiqu'à peine âgé de vingt-cinq ans, déjà très-chauve, l'œil vert et stupide, parlant haut, avec un accent très-normand, vêtu avec la prétention et l'éclat le plus ridicule, portant des bijoux, un gilet de velours brodé d'argent; que sais-je encore ?

M. de Cernay nous présenta l'un à l'autre, et, lorsqu'il m'eut nommé, M. du Pluvier s'écria cavalièrementt : « Ah ! parbleu ! je vous ai vu quelque part. »

Cette impolitesse me choqua, et je lui répondis que je ne croyais pas avoir eu ce plaisir-là, car certes je ne l'aurais pas oublié.

Quelques minutes après, on annonça lord Falmouth.

Il était venu à pied et était vêtu avec la plus extrême simplicité. Je n'oublierai de ma vie l'impression singulière que me fit ce visage pâle, régulier, blanc et impassible comme du marbre, et pour ainsi dire illuminé par deux yeux bruns très-rapprochés du nez ; son sourire, gravement moqueur, me frappa aussi, et sans attacher la moindre signification à cette puérile remarque, je ne sais pourquoi l'histoire du vampire me revint à l'esprit, car je n'aurais pas donné un autre corps à cette création fantastique.

M. de Cernay me présenta à lord Falmouth, et nous échangeâmes les politesses d'usage. Nous n'attendions plus, pour nous mettre à table, que le renégat italien, que le comte appelait familièrement son assassin.

Enfin le valet de chambre annonça M. Ismaël : c'était le renégat.

Il était de taille moyenne, brun, nerveux, magnifiquement vêtu à l'égyptienne, et avait une fort belle figure, bien que d'un caractère sombre. Ismaël ne parlait pas un mot de français ; son langage se composait en partie d'italien vulgaire et de lambeaux de la langue franque.

Bientôt le maître-d'hôtel de M. de Cernay ouvrit les portes de la salle à manger. Le déjeuner fut parfaitement servi à l'anglaise ; l'argenterie était de Mortimer, les porcelaines de vieux Sèvres, et la verrerie de Venise et de Bohême.

Ismaël mangea comme un ogre et ne dit mot ; seulement, comme il n'y avait sur la table que du thé, du café et du chocolat, il demanda bravement du vin et but largement.

M. de Cernay me parut assez contrarié du silence obstiné de son assassin, que M. du Pluvier agaçait d'ailleurs continuellement en lui débitant des phrases d'une manière grotesque, empruntées à la réception de M. Jourdain comme mamamouchi. Mais, peu sensible à ces avances, de temps à autre Ismaël grognait comme un ours à la chaîne en jetant un regard de côté sur M. du Pluvier, qui semblait extrèmement l'impatienter.

Cependant je causais avec lord Falmouth, et je me souviens que notre entretien roulait sur une observation qu'il m'avait faite et dont j'étais tombé d'accord ; il s'agissait de ce luxe recherché, *rococo*, pomponné, presque féminin, que beaucoup de jeunes gens commençaient à déployer alors dans l'intérieur de leurs appartements. Il riait beaucoup en songeant que toutes ces glaces si dorées, si entourées d'amours, de colombes et de guirlandes de fleurs, ne réfléchissaient jamais que des visages masculins et barbus, qui s'y miraient ingénument au milieu des tourbillons de la fumée de cigare; tandis que, par un contraste du goût le moins intelligent, au lieu de donner un but et un intérêt à toute cette magnificence, au lieu d'en doubler le charme en l'entourant de mystère, au lieu de n'étaler ces splendeurs que pour des indifférents, si un de ces jeunes *beaux* avait à attendre avec une amoureuse impatience quelqu'une de ces douces et secrètes apparitions que toutes les merveilles du luxe devaient encadrer, c'était généralement au fond d'un quartier ignoble et infect, dans quelque taudis sordide et obscur, que s'écoulaient ces heures si rares, si fleuries, si enchanteresses, qui rayonnent seules plus tard parmi les pâles souvenirs de la vie. Nous posâmes donc comme *aphorisme* avec lord Falmouth que, pour un homme de tact, de goût et d'expérience, *le chez soi connu et apparent* devait être le triomphe du confortable et de l'élégante simplicité; et que *le chez soi secret,* ce diamant caché de la vie, devait être le triomphe du luxe le plus éblouissant et le plus recherché.

Après déjeuner, nous allâmes dans la *tabagie* de M. de Cernay (l'usage si répandu du cigare nécessitant cette sorte de subdivision d'un appartement), garnie de profonds fauteuils, de larges divans, et ornée d'une admirable collection de pipes et de tabacs de toute sorte, depuis le houka indien, resplendissant d'or et de pierreries, jusqu'au (pardon de cette vulgarité), jusqu'au populaire *brûle-gueule ;* — depuis la feuille douce et parfumée de l'Atakie ou de la Havane, à la couleur d'ambre, jusqu'au noir et âpre tabac de la *régie,* quelques palais étant assez dépravés pour rechercher son âcre et corrosive saveur.

Il y avait ce jour-là une course de *Gentlemen Riders*[1] au bois de Boulogne ; M. de Cernay en était juge et me proposa d'y aller ; il menait son *lion* Ismaël en phaéton.

M. du Pluvier me fit frémir en m'offrant une place dans sa voiture de marchand d'orviétan ; mais j'échappai à ce guet-apens, car j'avais heureusement dit à mon cabriolet de m'attendre. Alors M. du Pluvier se rabattit sur lord Falmouth, qui lui répondit avec un imperturbable sang-froid :

« Je regrette bien sincèrement de ne pouvoir accepter, mon cher monsieur du Pluvier ; mais je vais de ce pas au Parlement.

— A la Chambre des pairs ? Eh bien ! je vous

---

[1] Course de chevaux montés par des gens de bonne compagnie.

y mène. Qu'est-ce que ça me fait, à moi? mes chevaux sont faits pour ça.

— Et ils s'en acquittent à merveille, — répondit lord Falmouth. — Mais c'est à Londres que je vais ; je désire parler sur la question de l'Inde, et comme la discussion s'ouvrira probablement demain soir, je veux y être à temps, car j'ai calculé le départ du paquebot, et je compte arriver à Londres après-demain. »

Je souriais de cette singulière excuse, lorsque nous entendîmes les grelots des chevaux de poste, et bientôt le coupé de voyage de lord Falmouth entra dans la cour. Je regardai M. de Cernay avec étonnement, et, pendant que lord Falmouth était sorti pour donner quelques ordres, je demandai au comte si véritablement lord Falmouth partait pour Londres.

« Il part réellement, — me dit M. de Cernay. — Il lui prend souvent ainsi la fantaisie de parler sur une question politique qui lui plaît et qu'il traite toujours avec une incontestable supériorité ; mais il déteste si fort Londres et l'Angleterre qu'il descend de voiture à Westminster, siége, parle, remonte en voiture, et revient ici. »

Lord Falmouth rentra ; il me demanda de nous revoir avec les plus gracieuses instances ;

son courrier partit, et il monta en voiture.

« La course est pour deux heures, — me dit M. de Cernay ; — le temps est magnifique ; j'ai envoyé mes chevaux à la porte Dauphine ; si vous voulez faire ensuite un tour au bois, j'ai un cheval à vos ordres.

— Mille grâces, — lui dis-je, — j'ai aussi envoyé les miens. Mais cette course est-elle intéressante ? — demandai-je au comte.

— Elle ne l'est malheureusement que trop : — deux milles à courir, trois haies de quatre pieds et demi, et, pour bouquet, une barrière fixe de cinq pieds à franchir.

— C'est impossible, — m'écriai-je ; — pour dernier obstacle une barrière fixe de cinq pieds ! Mais sur cent chevaux il n'y en a pas deux capables de prendre sûrement un tel saut après une pareille course ; et, si on le manque, c'est à se tuer sur la place.

— C'est justement cela, — reprit le comte en soupirant ; — aussi je suis au désespoir d'être juge, ou plutôt témoin de cette espèce de défi meurtrier, qui peut coûter la vie à l'un de ces deux braves gentlemen [1], si ce n'est à tous deux ;

---

[1] Ce mot anglais *gentleman* ne signifie pas *gentilhomme* dans une acception aristocratique, mais homme parfaitement bien élevé et de très-bonne compagnie, de quelque condition qu'il soit ; on devrait peut-

mais je n'ai pu absolument refuser ces pénibles fonctions.

— Que voulez-vous dire? — demandai-je à M. de Cernay.

— Oh! — reprit-il, — c'est tout un roman, et un secret aussi triste qu'incroyable; je puis d'ailleurs vous le confier maintenant; car si, pour plusieurs motifs, personne au monde n'en est encore instruit, dans une heure d'ici, en voyant le dernier et terrible obstacle qui fait de cette course, engagée sous un prétexte frivole, une espèce de duel entre les deux jeunes gens qui la courent, tout le monde en devinera facilement la cause et l'objet. »

Je tâchais de lire dans les regards de M. de Cernay pour savoir s'il parlait sérieusement; mais, s'il plaisantait, ma pénétration fut en défaut, tant il semblait convaincu de ce qu'il disait.

« Enfin, — reprit-il, — voici le mot de cette aventure, véritablement extraordinaire. Une des plus jolies femmes de Paris, madame la mar-

être l'importer dans la langue française comme tant d'autres expressions anglaises. Dans notre époque, où l'on nie toute supériorité de naissance et de fortune pour n'accepter *que la supériorité d'éducation et de position*, il est singulier que le terme manque pour exprimer la réunion de ces avantages.

quise de Pënâfiel, a, dans la foule de ses courtisans, deux adorateurs rivaux; leurs soins pour elle sont connus, ou plutôt devinés; ayant un jour échangé entre eux quelques mots très-vifs, au sujet d'une rivalité d'hommages, qui nuisaient à tous deux sans servir à aucun; de trop bonne compagnie pour se battre à propos d'une femme qu'ils aiment, et que l'éclat d'un duel aurait gravement compromise; pour éviter cet inconvénient, et arriver au même but, ils ont choisi ce défi meurtrier... dont les chances sont absolument égales, puisque tous deux montent à cheval à merveille, et que leurs chevaux sont excellents; quant au résultat malheureusement probable, il n'est pas douteux; car s'il est possible qu'un cheval, après une course de deux milles et trois haies franchies, passe encore une barrière fixe de cinq pieds, il est presque matériellement impossible que deux chevaux aient le même et prodigieux bonheur... Aussi, est-il hors de doute que cette course sera terminée par quelque terrible accident... sinon les deux rivaux doivent la recommencer plus tard, ainsi qu'on recommence un duel après avoir en vain échangé deux coups de feu. »

Tout ceci me paraissait si étrange, si peu dans nos mœurs, bien qu'à la rigueur cela ne fût pas absolument invraisemblable ni impossible, que j'en étais stupéfait : « Et madame de Pënâfiel ? — demandai-je à M. de Cernay, — est-elle instruite de cette lutte fatale dont elle est l'objet ?

— Sans doute, et, pour vous donner une idée de son caractère, il est fort possible qu'elle vienne y assister.

— Si elle y vient, — dis-je cette fois avec un sourire d'incrédulité très-prononcé, — madame de Pënâfiel trouvera cela sans doute aussi simple que d'aller assister aux sanglants combats des torreadors de son pays ; car, d'après son nom et son farouche mépris de nos usages, il faut que cette sauvage marquise soit quelque amazone espagnole de la vieille roche ! une de ces brunes filles de Xérès ou de Vejer, qui portent encore un couteau à leur jarretière. »

M. de Cernay ne put retenir un éclat de rire et me dit : « Vous n'y êtes pas le moins du monde ; madame de Pënâfiel est Française, de Paris, et Parisienne au delà de toute expression ; de plus, très-grande dame et alliée aux meilleures maisons de France ; elle est veuve, et son mari, le marquis de Pënâfiel, était Espagnol.

— Allons, — dis-je au comte en riant à mon

tour; — il est bien à vous de jeter un intérêt aussi romanesque, aussi fantastique sur une course dont vous êtes juge; il y aurait de quoi y faire courir tout Paris...

— Mais je vous parle fort sérieusement, — me dit-il d'un air en effet très-grave.

— Mais sérieusement, si je crois qu'une femme ne puisse empêcher, après tout, deux fous de faire d'aussi dangereuses folies, je ne concevrai jamais qu'une femme du monde aille assister à un pareil défi, lorsqu'elle sait en être l'objet : c'est s'exposer au blâme, au mépris général.

— D'abord, madame de Pënâfiel s'inquiète souvent fort peu du *Qu'en dira-t-on,* et puis elle seule sait être la cause de cette espèce de duel.

— Mais, en admettant qu'elle ne songe pas que ce secret peut être trahi par l'événement, elle fait toujours preuve d'une cruauté froide et abominable.

— Oh! c'est bien aussi le cœur le plus sec et le plus dur qu'on puisse imaginer ; avec cela vingt-cinq ans à peine et jolie comme un ange.

— Et pourquoi n'avez-vous pas dissuadé ces deux intrépides jeunes gens de ce dangereux défi ? car, si le but en est connu, ainsi que vous le présumez, toute leur délicate générosité sera doublement perdue.

— D'abord, — me dit le comte, — ils ne m'ont pas confié leur secret, c'est un très-singulier hasard qui m'en a rendu maître ; ainsi je ne pouvais me permettre de leur faire la moindre observation sur une particularité que je n'étais pas sensé connaître ; quant à insister beaucoup sur les dangers de la course, c'était presque mettre leur courage en doute, et je ne le pouvais pas ; mais, s'ils m'avaient consulté, je leur aurais dit qu'ils agissaient comme deux fous ; car, en voyant une course aussi dangereuse, on ne pourra se l'expliquer par le pari de deux cents louis, qui en est l'objet apparent ; on ne risque pas presque assurément sa vie pour deux cents louis dans la position de fortune où ils sont tous deux ; aussi, en recherchant le motif caché d'un pareil défi, pourra-t-on très-facilement arriver à découvrir la vérité... et cela causera un éclat détestable pour madame de Pénâfiel.

— Et il est bien avéré que ces messieurs s'occupaient d'elle ? — demandai-je au comte.

— Très-avéré, tout le monde le dit, et pour moi, qui connais depuis longtemps madame de

Pënâfiel, ma plus grande certitude vient, à ce sujet, de l'indifférence affectée avec laquelle elle paraît les traiter ; car elle est pour certaines choses d'une rare et profonde dissimulation.

— Il y avait, je le répète, dans tout ce que me disait M. de Cernay, un si singulier mélange de vraisemblance et d'étrangeté que je ne pouvais me résoudre à le croire ou à ne pas le croire. — Il faut, — lui dis-je, — que vous m'affirmiez aussi sérieusement tout ce que vous venez de me dire là pour que je regarde madame de Pënâfiel comme étant du monde... mais qui voit-elle donc ?

— La meilleure et la plus haute compagnie en hommes et en femmes, car elle a une des plus excellentes maisons de Paris, une fortune énorme, et elle reçoit d'une façon vraiment royale ; de plus, son salon fait loi en matière de bel esprit, ce qui n'empêche pas madame de Pënâfiel d'être généralement détestée selon ses mérites.

— Et quelle femme est-ce, à part cela ? elle est donc spirituelle ?

— Infiniment, mais son esprit est très-méchant, très-mordant, et puis avec cela dédaigneuse, capricieuse, impérieuse à l'excès, habituée qu'elle est à voir tout fléchir devant elle ; parce qu'après tout, certaines positions sont tellement hautes qu'elles s'imposent bon gré mal gré. Il est inutile de vous dire que madame de Pënâfiel est d'une coquetterie qui passe toutes les bornes du possible... et pour achever de la peindre, elle a les prétentions les plus incroyablement ridicules... Devinez à quoi ? — aux sciences sérieuses et abstraites ? aux arts ? que sais-je ? — Oh ! c'est, je vous assure, une femme à la fois étrange, charmante et ridicule... comme je suis fort de ses amis, je vous proposerais bien de vous présenter à elle, en vous prévenant toutefois qu'elle est aussi curieuse que dangereuse à connaître ; mais elle est si bizarre, si fantasque, que je ne puis vous assurer d'être agréé, car elle refuse aujourd'hui ce qu'elle désirerait demain...

— Mais, — dit le comte en regardant la pendule, — le temps nous presse, voici deux heures : demandons nos voitures.

Et il sonna.

Nous sortîmes. — Le mirobolifique attelage de M. du Pluvier avança le premier, et le petit homme s'y précipita triomphalement en manquant le marche-pied.

Il me semblait remarquer depuis quelques

minutes sur le visage de M. de Cernay une sorte de curiosité sans doute causée par son désir de voir si j'étais digne (par mes chevaux du moins) de graviter autour de sa brillante planète.

Quand mon cabriolet avança, M. de Cernay y jeta un coup d'œil de connaisseur ; tout cela était fort simple, fort peu voyant, le harnais tout noir ; mais le cheval bai-brun, de grande taille et d'un modèle parfait, avait des actions presque pareilles à celles du fameux *Coventry* [1].

— Diable! mais cela est tenu à merveille, et vous avez certainement là le plus beau cheval de cabriolet de tout Paris ! — me dit M. de Cernay d'un ton approbateur où il me parut percer une nuance d'envie.

De ce moment je jugeai que le comte me plaçait décidément très-haut dans son esprit. Son phaéton avança ; il y prit place avec Ismaël.

Il est impossible de décrire l'élégance, la légèreté de cette délicieuse voiture vert-clair, à rechampis blancs ; non plus que l'ensemble et

---

[1] Cheval de harnais acheté à Londres mille louis, je crois, par lord Chesterfield.

le bouquet de son charmant attelage, composé d'un cheval gris et d'un cheval alezan de taille moyenne. Tout était à ravir, jusqu'aux deux petits grooms absolument du même corsage et de la même taille, qui montèrent légèrement sur le siége de derrière ; ce fut aussi la première fois que je vis des chevaux à crinière rasée, et cela convenait parfaitement à ceux de M. de Cernay, tant leur encolure, pleine de race, était plate, nerveuse et hardiment sortie.

Nous partîmes pour le bois.

CHAPITRE XII.

LES GENTLEMEN RIDERS.

Faux ou vrai, tout ce que m'avait dit M. de Cernay excitait si vivement ma curiosité que j'avais la plus grande hâte d'arriver sur le lieu de la course.

Nous nous rendîmes donc au bois de Boulogne par une belle journée de février. Le soleil brillait ; l'air vif et pur, sans être trop froid, avivait la figure des femmes qui passaient en voitures découvertes pour se rendre au rond-point, terme de la course dont on a parlé.

Nous nous arrêtâmes à la porte Dauphine pour prendre nos chevaux de selle ; les miens subirent encore une sorte d'examen de la part de M. de Cernay, examen qui le confirma sans doute dans la haute opinion qu'il avait déjà conçue de moi, et qui laissa, je l'avoue, ma vanité fort paisible.

Quant à ses chevaux, ils étaient, comme tout ce qu'il possédait, d'une perfection rare.

M. du Pluvier me prouva ce dont j'étais dès longtemps persuadé, c'est qu'il y a pour ainsi dire des gens organiquement voués à toutes sortes d'accidents ridicules ; ainsi à peine fut-il à cheval, qu'il se laissa emporter par sa monture. Nous le croyions à quelques pas derrière nous, lorsque tout à coup il nous dépassa en partant comme un trait ; nous le suivîmes assez longtemps des yeux, mais son cheval prenant tout à coup une allée transversale, la réaction de ce brusque mouvement fut si rude que M. du Pluvier perdit son chapeau, et puis il disparut à nos yeux.

Nous arrivâmes paisiblement au rond-point avec Ismaël, en riant de cette mésaventure ; car j'ai oublié de dire que, poussant l'attention pour son *lion* jusqu'à la plus gracieuse prévenance, M. de Cernay, ayant par hasard dans son écurie un très-beau cheval arabe noir, avait offert à Ismaël de le monter ; le renégat avait accepté, et sa figure mâle, caractérisée, son costume bizarre et éclatant, faisaient sans doute, selon les prévisions de M. de Cernay, remarquer, valoir et ressortir davantage encore l'élégance toute française de ce dernier.

Une fois arrivé au rond-point, je descendis de cheval, et me mêlai aux habitués des courses, parmi lesquels je trouvai plusieurs personnes de ma connaissance.

Ce fut alors que je vis l'effroyable obstacle qui restait à franchir, après les deux milles courus et les trois haies passées.

Qu'on se figure un madrier élevé à cinq pieds au-dessus du sol et scellé transversalement sur deux autres poutres perpendiculaires, comme une barrière d'allée.

Alors, je l'avoue, les renseignements que m'avait donnés M. de Cernay sur ce défi, tout en me paraissant étranges, tout en affirmant un fait si peu dans nos mœurs, me semblèrent au moins expliquer pourquoi ces deux jeunes gens allaient affronter un aussi terrible danger.

Un assez grand nombre de personnes entouraient déjà cette fatale barrière, et comme moi ne pouvaient en croire leurs yeux.

On se demandait comment deux hommes riches, jeunes, et du monde, risquaient ainsi témérairement leur vie. On s'interrogeait pour savoir si du moins l'énormité du pari pouvait jusqu'à un certain point faire comprendre une aussi folle intrépidité ; mais il était de deux cents louis seulement.

Enfin, après de nouvelles et vagues conjectures, plusieurs spectateurs, au fait des bruits du monde, arrivèrent, soit d'après leurs propres réflexions, soit qu'ils fussent mis sur la voie par quelques mots de M. de Cernay, arrivèrent, dis-je, à interpréter ce défi meurtrier ainsi que le comte l'avait déjà fait.

Cette hypothèse fut aussitôt généralement admise, car elle avait d'abord l'irrésistible attrait de la médisance ; puis, à l'égard des choses les plus futiles comme les plus graves, toute explication qui semble résoudre une énigme longtemps et vainement interrogée, est accueillie avec empressement.

Alors j'entendis çà et là les exclamations suivantes : Est-ce possible ? — Au fait, maintenant tout s'explique. — Mais quelle folie ! — quelle délicatesse ! — quelle témérité ! se conduire ainsi pour une femme si dédaigneuse, si coquette! — Il n'y a qu'elle pour inspirer de semblables actions. — Diabolique marquise! c'est révoltant!! — à ne pas croire, etc., etc., etc. »

Je n'avais pas eu le temps de demander à M. de Cernay des détails sur les acteurs de cet événement extraordinaire; aussi pendant qu'on s'indignait justement sans doute contre madame de Pënâfiel, avisant sir Henry ***, grand sportman [1] de ma connaissance, j'espérai pouvoir être complétement renseigné par lui.

— Eh bien! — lui dis-je, — voilà une course assez nerveuse, j'espère! pourriez-vous me dire quel est le Favori [2]?

— On est tellement partagé, — reprit-il, — qu'à bien dire il n'y en a pas. — Les chevaux sont tous deux parfaitement nés : l'un, *Beverley,* est par *Gustavus* et *Cybèle;* l'autre, *Captain-Morave,* est par *Camel* et *Vengeress ;* tous deux ont très-brillamment chassé en Angleterre

---

[1] A cette heure que le goût des chevaux, des courses, de la chasse, et de tous les exercices du corps semble beaucoup s'étendre, ce mot *sportman* ne pourrait-il pas être aussi emprunté à la langue anglaise? en cela qu'il signifie l'homme qui réunit tous ces goûts, de même que l'adjectif *sport* désigne l'ensemble de ces goûts.

[2] On appelle ainsi le cheval qui semble réunir le plus de chances de gagner.

pendant deux saisons, et les gentlemen riders qui les montent, le baron de Merteuil et le marquis de Senneterre, se sont acquis même parmi la fine fleur des habitués de Melton [1] la plus grande réputation, car ils égalent, dit-on, en intrépidité notre fameux capitaine Beacher [2] qui s'est cassé son dernier bon membre (l'avant-bras gauche) au steeple-chase de Saint-Albans, qui a eu lieu l'an dernier ; aussi faut-il une témérité aussi folle pour affronter un pareil danger. J'ai vu bien des courses, j'ai assisté à des chasses et à des steeples-chases en Irlande, où les murs remplacent les haies ; mais au moins les murailles n'ont que trois ou quatre pieds tout au plus ; en un mot, de ma vie jamais je n'ai rien vu d'aussi effrayant que cette barrière ! » me dit sir Henri *** en se retournant encore vers la terrible barrière.

A chaque instant de nouvelles voitures arrivaient, et la foule des spectateurs augmentait encore. Cette foule était séparée en deux parties bien distinctes ; les uns, et c'était l'innombrable majorité, entièrement étrangers aux

---

[1] Rendez-vous habituel des plus hardis chasseurs d'Angleterre.

[2] Le capitaine Beacher partage cette réputation avec M. le marquis de Clanricard, lord Jersey, M. Olbadiston et autres honorables gentlemen.

bruits du monde et aux conditions de la course, ne voyaient dans cette lutte qu'une distraction, une manière de spectacle dont ils ne soupçonnaient pas le péril.

Le plus petit nombre, instruit du motif et du but caché qu'on prêtait à ce défi, tout en acceptant ou n'acceptant pas cette interprétation, comprenait du moins l'effroyable danger auquel allaient s'exposer les deux gentlemen riders.

Mais il faut dire que tous les spectateurs, et principalement les derniers dont on a parlé, attendaient l'heure de la course avec une impatience que je partageais moi-même, et dont j'avais presque honte.

Mais bientôt la foule se porta vers le centre du rond-point.

C'étaient MM. de Senneterre et de Merteuil qui venaient de descendre de voiture, et allaient monter à cheval pour se rendre à l'endroit du départ.

M. de Merteuil paraissait à peine âgé de vingt-cinq ans, sa taille était d'une élégance et d'une grâce extrême, sa figure charmante ; il paraissait calme et souriant, quoique un peu pâle ; il portait une casaque de soie, moitié noire et moitié blanche, et la toque pareille ; une culotte de daim d'un jaune très-clair, et des bottes à revers complétaient son costume. Il montait *Captain-Morave.*

Captain-Morave, admirable cheval bai, était dans une si excellente condition, qu'on croyait voir circuler le sang dans ses veines déjà gonflées sous sa peau fine, soyeuse et brillante de mille reflets dorés; enfin on pouvait compter chacun de ses muscles vigoureux, tant sa chair, débarrassée de tout embonpoint superflu, paraissait nerveuse et ferme.

M. de Merteuil s'arrêta un instant au poteau du but pour causer avec M. de Cernay.

M. de Senneterre, dont le cheval plus froid sans doute, n'avait pas besoin du galop d'un quart de mille, que M. de Merteuil allait donner au sien en gagnant le point de départ; M. de Senneterre, pour aller rejoindre *Beverley,* montait un charmant petit haque pie, très-bizarrement marqué de noir et de blanc: sous la longue redingote de ce gentleman, on voyait sa casaque de soie pourpre; il était à peu près de la même taille que M. de Merteuil et aussi d'une figure très-agréable. Il s'approcha de son rival le sourire aux lèvres, et lui tendit la main; celui-ci la serra avec la plus grande ou du moins la plus apparente cordialité, ce qui me parut une dissimulation du meilleur goût, dans les termes où ils étaient, dit-on.

Ces deux charmants jeunes gens excitaient un intérêt pénible et général, tant était grave le péril qu'ils allaient affronter avec une témérité si insouciante. En effet, à quoi que se voue l'intrépidité, elle se fait toujours admirer. Il me parut aussi qu'un homme à cheveux blancs, d'une physionomie remplie de dignité, s'approcha de M. de Merteuil, et lui fit sans doute quelques observations pressantes sur le danger de cette course. Ces observations, accueillies avec la grâce la plus parfaite, demeurèrent pourtant sans effet, car en présence de cette foule si attentive MM. de Merteuil et de Senneterre, quel que fût le veritable intérêt de leur défi, ne pouvaient malheureusement paraître reculer devant le péril.

Enfin il fallut se rendre au point du départ; un ami de M. de Cernay y alla avec MM. de Senneterre et de Merteuil pour assister à leur pesage et donner le signal.

Aussi la curiosité devint d'autant plus haletante qu'elle avait l'espoir d'être bientôt satisfaite.

A ce moment, entendant une grande rumeur, je me retournai et je vis le malheureux

M. du Pluvier, qui, sans chapeau, les cheveux au vent, le corps renversé en arrière, les jambes convulsivement tendues en avant, se roidissait de toutes ses forces, continuant d'être emporté par son cheval, qui traversa le rond-point comme une flèche et disparut bientôt dans une des allées contiguës, au milieu des huées des spectateurs.

A peine cet épisode bouffon était-il ainsi terminé, qu'un nouvel objet attira mon attention.

Je vis arriver lentement un très-beau coupé orange, au trot fier et cadencé de deux magnifiques chevaux noirs de la plus grande taille, et pourtant remplis de race et de ressort; les armoiries et les contours d'argent des harnais étincelaient au soleil; et sur l'ample draperie bleue du siége de même couleur que les livrées à collets orange, je remarquai deux écus richement blasonnés en soie de couleur, surmontés d'une couronne de marquis brodée en or. Je jetais un regard curieux dans cette voiture, lorsque M. de Cernay, passant assez vite près de moi, me dit : « J'en étais sûr, voilà madame de Pënâfiel. C'est infâme ! »

Et sans me donner le temps de lui répondre, il s'avança à cheval vers la portière de cette voiture, auprès de laquelle se pressaient déjà plusieurs hommes de la connaissance de madame de Pënâfiel. Elle me parut accueillir M. de Cernay avec une affabilité un peu insouciante, et lui donna le bout de ses doigts à serrer. Le comte me semblait fort causant et fort gai.

Je jetais un nouveau coup d'œil dans la voiture, et je pus parfaitement voir madame de Pënâfiel.

A travers le demi-voile de blonde qui tombait de sa petite capote mauve excessivement simple, j'aperçus un visage très-pâle, d'un ovale fin et régulier et d'une blancheur un peu mate; ses yeux très-grands, bien qu'à demi fermés, étaient d'un gris changeant, presque irisé, et ses sourcils prononcés se dessinaient noblement au-dessus de leur orbite; son front lisse, poli, assez saillant, était encadré de deux bandeaux de cheveux châtain très-clair à reflets dorés, ainsi qu'on en voit dans quelques portraits du Titien; son nez, petit et bien fait, était peut-être trop droit; sa bouche, un peu grande, était vermeille; mais les lèvres étaient si minces et leurs coins si dédaigneusement abaissés qu'elles donnaient à cette jolie figure une expression à la fois ennuyée, sardonique et méprisante; enfin la pose nonchalante de madame de Pënâfiel, au fond de sa voiture, où elle semblait couchée, tout enveloppée dans un grand châle de cachemire noir, complétait cette apparence de langueur et d'insouciance.

Comme j'examinais la physionomie de madame de Pënâfiel, qui, dans ce moment, semblait répondre à peine à ce que lui disait M. de Cernay, je la vis tourner sa tête, d'un air distrait, du côté opposé à celui où était le comte. Alors son pâle visage semblant s'animer un peu, elle se pencha vers M. de Cernay, pour le prier sans doute de lui nommer quelqu'un, qu'elle lui désigna du regard, avec un assez vif mouvement de curiosité.

Je suivis la direction des yeux de madame de Pënâfiel, et je vis Ismaël... son cheval se cabrait avec impatience, et le renégat, excellent cavalier d'ailleurs, le montait à merveille. Les longues manches de son vêtement rouge et or flottaient au vent, son turban blanc faisait ressortir sa figure brune et caractérisée, il fronçait ses noirs sourcils en attaquant les flancs de son cheval du tranchant de ses étriers mauresques; en un mot, Ismaël était véritablement ainsi d'une beauté sauvage et puissante.

Je retournai la tête et je vis madame de

Pënâfiel, jusque-là si nonchalante, suivre avec une sorte d'inquiétude les mouvements du renégat.

Tout à coup le cheval de ce dernier se dressa si brusquement sur ses jarrets qu'il faillit à ne pouvoir s'y soutenir et à se renverser.

Aussitôt madame de Pënâfiel se rejeta dans le fond de sa voiture en mettant sa main sur ses yeux.

Pourtant comme le cheval d'Ismaël ne se renversa pas, les traits de madame de Pënâfiel, un instant émus par la crainte, se rassérénèrent, et elle tomba dans son insouciance apparente.

Cette scène ne dura pas cinq minutes, et pourtant elle me frappa désagréablement ; sans doute, dans une autre circonstance, rien ne m'eût semblé plus simple que l'espèce de curiosité que madame de Pënâfiel avait d'abord témoignée en remarquant Ismaël, dont le costume pittoresque et éclatant devait attirer tous les regards ; sans doute rien de plus naturel aussi que la crainte qu'elle parut ressentir lorsque le cheval du renégat manqua de se renverser sur lui, mais ce qui me paraissait étrange, inexplicable, c'était ce témoignage de sensibilité envers un homme qu'elle ne connaissait pas, et cette sécheresse de cœur qui la faisait venir assister à une lutte meurtrière dont le résultat pouvait coûter la vie à un de ces deux jeunes gens qui l'aimaient !

Une fois le cheval d'Ismaël calmé, madame de Pënâfiel avait, je l'ai dit, repris au fond de sa voiture son attitude nonchalante et ennuyée ; puis, saluant M. de Cernay d'un signe de tête, elle avait levé ses glaces, sans doute par crainte du froid qui devenait assez piquant.

A ce moment quelques cavaliers accoururent dans l'allée qui servait de terrain de course en s'écriant :

— Ils sont partis !

Aussitôt M. de Cernay se rendit au poteau ; un murmure d'ardente curiosité circula dans l'assemblée, on laissa un libre espace devant la terrible barrière qui se dressait sur un sol dur et caillouté, tandis que deux chirurgiens mandés par précaution se tinrent près de cette civière lugubre, un des accessoires obligés de toute course.

Si l'on a été agité soi-même par les mille vanités de la possession, par l'amour excessif qu'on porte à son cheval, par l'orgueil de le voir triompher, par la crainte ou par l'espoir de perdre ou de gagner un pari considérable, on comprendra facilement l'intérêt pour ainsi dire haletant qui attache toujours si vivement quelques spectateurs à une course de chevaux.

Mais dans cette circonstance tous les assistants semblaient avoir un intérêt immense et saisissant, tant le danger qu'allaient affronter ces deux gentlemen préoccupait tous les esprits ; je me souviens même que, par une nuance de tact qui distingue encore et distinguera toujours la bonne compagnie, aucun pari n'avait été engagé entre les gens bien élevés qui assistaient à cette course, car son issue pouvait être si fatale qu'on eût craint de s'intéresser à autre chose qu'au sort de ces deux intrépides jeunes gens, qui étaient connus de tous.

On s'attendait donc à chaque instant à les voir paraître ; toutes les lorgnettes étaient braquées sur l'allée *du mille,* car on ne pouvait encore rien distinguer clairement.

Enfin un cri général annonça qu'on voyait les deux jockeys.

Ils parurent au point culminant de l'allée, courbés sur leur selle, arrivèrent sur la première haie... et la franchirent ensemble.

Puis ils parcoururent d'une vitesse égale l'espace qui séparait la seconde haie de la première.

On vit de nouveau paraître les deux têtes des chevaux au-dessus de la deuxième haie, puis les deux cavaliers la passèrent royalement!... encore ensemble.

C'était une course magnifique... les bravos retentirent, pourtant on était douloureusement oppressé.

A la troisième haie, M. de Merteuil eut l'avantage d'une longueur; mais après le saut, M. de Senneterre, regagnant sa distance, revint tête à tête, et l'on put voir les deux jockeys s'approcher de la dernière et terrible barrière avec une incroyable rapidité.

Je m'étais placé dans la contre-allée, quelques pas avant le but, afin de bien examiner les traits des deux rivaux.

Bientôt on entendit sourdement résonner le sol sous le branle précipité du galop... Rapides, MM. de Senneterre et de Merteuil passèrent devant moi encore tête à tête; à peine si la moiteur ternissait le vif reflet de la robe de leurs chevaux, qui, les naseaux ouverts et frémissants, allongés, la queue basse, les oreilles couchées, rasaient le sol avec une vitesse merveilleuse.

MM. de Merteuil et de Senneterre, pâles, courbés sur l'encolure, leurs mains nues, collées au garrot, serraient leurs chevaux entre leurs genoux nerveux avec une énergie presque convulsive. Lorsqu'ils passèrent devant moi ils n'étaient pas à dix pas de la barrière ; à ce moment je vis M. de Merteuil donner un vigoureux coup de cravache à son cheval, en l'attaquant en même temps de ses deux éperons, sans doute pour l'enlever plus assurément sur l'obstacle. Le brave cheval s'élança en effet avant son rival, qu'alors il dépassa d'une demi-longueur au plus ; mais, soit que les forces lui manquassent, soit qu'il eût été imprudemment poussé à ce moment, au lieu d'avoir été un instant rassemblé, afin que son saut fût facilité par ce temps d'arrêt, *Captain-Morave* chargea si aveuglément la poutre que ses pieds de devant s'y engagèrent...

Alors entendant toute cette foule pousser un seul et formidable cri ! je vis le cheval et le cavalier culbuter et rouler dans l'allée au moment où M. de Senneterre, plus habile ou mieux monté, faisant faire un bond énorme à son cheval *Beverley*, franchissait l'obstacle qu'il laissa loin de lui, ne pouvant encore arrêter l'impétueux élan de sa course.

Tout le monde se précipita autour du malheureux M. de Merteuil... N'osant pas en approcher, tant je redoutais cet affreux spectacle, je jetai les yeux du côté où j'avais vu madame de Pënâfiel; sa voiture avait disparu.

Était-ce avant ou après cet horrible accident? je ne le sus point...

Bientôt ce mot terrible : — *Il est mort!* circula dans la foule...

CHAPITRE XIII.

L'OPÉRA.

M. de Cernay m'ayant proposé de prendre une place alors vacante dans une loge qu'il avait à l'Opéra avec lord Falmouth, j'acceptai, et j'y allai le soir même de cette malheureuse course qui avait eu lieu un vendredi.

Comme je montais l'escalier, je fus joint par un certain M. de Pommerive, sorte de bouffon parasite de bonne compagnie âgé de cinquante à soixante ans, et l'homme le plus bavard, le plus curieux, le plus caillette, le plus menteur et le plus médisant qu'on puisse imaginer.

— Eh bien, — me dit-il en m'abordant d'un air consterné, — vous savez? Ce malheureux M. de Merteuil est mort!! Ah! mon Dieu, mon

Dieu, quel épouvantable événement! Je viens de dîner chez le comte de ***; je ne sais pas seulement ce que j'ai mangé tant j'étais bouleversé.

— C'est un événement affreux! — lui dis-je.

— Affreux, affreux, affreux! Mais ce qu'il y a de plus affreux, c'est la cause du défi... Vous savez ce qu'on dit?

— Je sais ce qu'on dit, — répondis-je, — mais je ne sais pas ce qui est.

— C'est absolument la même chose, — reprit M. de Pommerive; — mais ne trouvez-vous pas que de la part de madame de Pënâfiel c'est le comble de l'insolence que d'oser venir assister à cette course? Mais parce qu'elle a une des maisons de Paris les plus recherchées, parce qu'elle a assez d'esprit pour dire les plus sanglantes épigrammes, cette fière et impérieuse marquise se croit tout permis. C'est révoltant!... ma parole d'honneur; aussi il faut une justice! Et parce qu'après tout on va chez elle, parce qu'elle vous reçoit bien, parce qu'on y dîne à merveille, il y aurait de l'indignité, il y aurait même de la bassesse, je ne crains pas de le dire, il y aurait de la bassesse à se taire sur un pareil scandale? On aurait l'air en vérité de s'être inféodé à ses caprices; on serait de véritables ilotes ! — ajouta-t-il avec indignation.

— Vous avez bien raison, — lui dis-je, — voilà de l'indépendance, un noble dédain des services reçus : rien de plus courageux! Mais est-il bien avéré que MM. dé Merteuil et de Senneterre se soient occupés de madame de Pënâfiel, et que ce motif que vous dites ait été celui de leur défi?

— Certainement que c'est avéré, puisque tout le monde le croit, puisque tout le monde le répète. Bien entendu qu'eux autres, c'est-à-dire celui qui reste, Senneterre, n'en conviendra jamais, car tantôt, en allant savoir des nouvelles de cet infortuné Merteuil qui n'a survécu que deux heures à sa chute, j'ai rencontré à sa porte M. de Senneterre la figure altérée. J'ai voulu le tâter sur madame de Pënâfiel; eh bien, l'honorable, le digne jeune homme a eu assez d'empire sur lui-même pour avoir l'air de ne pas comprendre un mot de ce que je voulais lui dire. D'ailleurs, je le crois bien, après le sot rôle que madame de Pënâfiel leur a fait jouer à tous deux pendant cette course... Senneterre ne peut plus maintenant avouer le vrai motif de cette lutte sans passer pour un niais!

— Comment donc cela? — lui dis-je.

— Comment, vous ne savez pas l'excellente

histoire du Turc et de la marquise? — s'écria M. de Pommerive avec un élan de joie impossible à rendre.

— Comme je n'avais pas quitté un instant Ismaël de vue pendant la course, je fus curieux de savoir jusqu'à quel point l'histoire allait être vraie; et je répondis à M. de Pommerive que j'ignorais ce qu'il voulait dire.

Alors cet infernal bavard commença le récit suivant, en l'accompagnant d'une pantomime grotesque et de gestes bouffons qu'il joignait toujours à ses détestables médisances, afin de les rendre plus perfides en les rendant véritablement fort comiques.

— Figurez-vous donc, mon cher monsieur, — me dit M. de Pommerive, — qu'au moment même où ces deux malheureux jeunes gens, par excès de délicatesse, allaient risquer leur existence pour elle, madame de Pënâfiel se prenait tout à coup de la passion la plus inconcevable et la plus désordonnée pour un Turc... oui, monsieur... pour un infernal scélérat d'une assez belle figure, il est vrai, et de qui ce diable de Cernay s'est engoué on ne sait en vérité pas pourquoi. Mais enfin se passionner aussi subitement, aussi frénétiquement pour un Turc, concevez-vous cela? Moi, je le conçois, parce qu'on la dit si capricieuse, si blasée, cette *marquise!* que rien ne m'étonne plus d'elle... Mais au moins on met du mystère! mais elle... pas du tout.

— Voilà qui est fort curieux, — lui dis-je.

— La chose n'est pas douteuse, — reprit-il. — Cernay, qui était juge, m'a tout raconté, car c'est à lui que madame de Pënâfiel a demandé avec un empressement... en vérité... plus qu'indécent, quel était ce Turc; car dès qu'elle eut remarqué cet original, elle n'a plus eu de pensée, de regards que pour son Turc. (Ici M. de Pommerive prit une voix de fausset pour imiter les exclamations supposées de madame de Pënâfiel.) « Ah! mon Dieu, qu'il est » beau! D'où est-il? Ah! quel beau costume! » Ah! quelle différence avec vos affreux ha- » bits! » (c'est bien d'elle! toujours si méprisante!) « Mon Dieu, quelle admirable figure! » Quel air noble, audacieux! Voilà qui n'est » pas vulgaire! Quel air intrépide! Comme il » monte bravement à cheval! etc.; » — je supprime encore des et cætera, — ajouta M. de Pommerive en reprenant sa voix naturelle, — car il y en aurait jusqu'à demain à vous répéter ses exclamations aussi folles que passionnées. Mais croiriez-vous qu'elle ait poussé l'oubli des convenances les plus simples, jusqu'à ordonner à ses gens d'approcher davantage sa voiture pour le voir de plus près, ce beau Turc, ce cher Turc !

— Mais vous avez raison, c'était une passion subite et d'une violence tout africaine, — dis-je à M. de Pommerive, ne pouvant m'empêcher de sourire de ce début si véridique.

— Mais vous allez voir, — ajouta-t-il, — vous allez voir le merveilleux de l'histoire ! voilà qu'un des chevaux de la voiture de madame de Pënâfiel, grâce à cette maudite curiosité, heurta la croupe du cheval du cher Turc ; et le cheval de ruer, de bondir, de sauter... alors, *la marquise,* éperdue, épouvantée pour son Turc, se met à pousser des cris affreux et lamentables.

«Prenez garde ! » — s'écria M. de Pommerive, en reprenant sa voix de fausset pour imiter le cri d'effroi de madame de Pënâfiel, — « prenez garde ! saisissez son cheval ! ah ! ciel ! le malheureux ! il va se tuer ! ! ! j'aurai causé sa mort ! Sauvez-le !..... au secours ! ! ! Sa mort ! ah ! ce serait le deuil de toute ma vie ! Ismaël ! Ismaël !... » — Enfin, — dit M. de Pommerive en revenant à sa voix naturelle, — la marquise perdit tellement la tête qu'elle avait le corps à moitié passé par la portière, toujours en étendant et agitant ses bras vers son cher Turc, mais avec des cris si étouffés, mais avec des sanglots si inarticulés, qu'on la croyait folle ou en délire ; joignez à cela qu'elle était pâle comme une morte, qu'elle avait les traits tout bouleversés, les yeux hors de la tête et remplis de larmes, et vous jugerez quelle drôle de scène ça a dû faire. Comme, après tout, ça pouvait passer pour de la sensibilité exagérée, ça aurait pu ne paraître qu'extraordinairement ridicule ; mais pour ceux qui savaient le fond des choses, c'était pis que ridicule, c'était odieux ; car, puisque madame de Pënâfiel avait déjà tant bravé les convenances, en venant assister à ce malheureux défi dont elle se savait l'objet, au moins aurait-elle dû ne pas se donner si indécemment en spectacle... et pour qui ? bon Dieu ! pour un diable de Turc que, cinq minutes auparavant, elle ne connaissait ni d'Ève ni d'Adam ! »

Tout ce que venait de me dire M. de Pommerive était sans doute d'une sottise et d'une fausseté révoltante ; vingt personnes pouvaient comme moi le démentir ; mais au point de dénigrement où on me paraissait en être arrivé envers madame de Pënâfiel, sans que j'en puisse encore pénétrer la raison, ces absurdités devaient trouver de l'écho même parmi les gens de la meilleure compagnie, la calomnie étant des plus accommodantes sur la pâture qu'on lui donne.

— Eh bien ! que dites-vous ? n'est-ce pas abominable ? — reprit M. de Pommerive en soufflant d'indignation, ou plutôt des suites de la fatigue que ses gestes mimiques et les éclats de sa voix de tête avaient dû lui causer.

— Je vous dirai, mon cher monsieur, — repris-je, — que vous avez été très-mal renseigné et que tout ce que vous venez de me conter là est positivement faux : je m'étonne seulement qu'un homme d'esprit et d'expérience puisse ajouter foi à de telles sottises.

— Comment cela ?

— J'assistais à la course ; par hasard je me trouvais très-près de la voiture de madame de Pënâfiel, et j'ai tout vu.

— Eh bien ?

— Eh bien ! madame de Pënâfiel a fait ce que tout le monde eût fait à sa place ; elle a demandé assez indifféremment quel était un homme dont le costume bizarre devait nécessairement attirer l'attention, et lorsque le cheval égyptien, en pointant, faillit à se renverser sur lui et l'écraser, madame de Pënâfiel a ressenti un mouvement de frayeur involontaire et naturel ; alors, mettant sa main sur ses yeux, elle s'est rejetée dans le fond de sa voiture, sans proférer une parole ; voilà tout simplement l'exacte vérité.

Ici, M. de Pommerive me regarda d'un air mystérieux qu'il tâcha de rendre le plus fin qu'il lui fut possible, et me dit, en fermant à demi ses petits yeux fauves sous ses besicles d'or :

— Allons, allons, vous êtes aussi sous le charme.... vous voilà amoureux.... le diable m'emporte si cette marquise en fait jamais d'autres : c'est une véritable sirène.

Cela était si sot, et j'avais parlé si sérieusement, que je rougis d'impatience ; mais me contenant à cause de l'âge de M. de Pommerive, je lui dis très-sèchement :

— Monsieur, je ne vous comprends pas ; ce que je vous ai dit au sujet de madame la marquise de Pënâfiel, que je n'ai pas d'ailleurs l'honneur de connaître, est la vérité ; elle est, quant à cela, victime d'une médisance, vous devez me savoir gré de vous désabuser d'une calomnie aussi ridicule et...

A ce moment, M. de Pommerive, m'interrompant, me fit signes sur signes, et salua, tout à coup, à plusieurs reprises, et très-profondément, quelqu'un que je ne voyais pas ; car nous causions dans un corridor, et j'avais le dos tourné à l'escalier.

Au même instant, une voix d'homme me dit très-poliment avec un accent étranger :

— Mille pardons, monsieur, mais madame voudrait passer.

Je me retournai vivement, c'était madame de Pënâfiel accompagnée d'une autre femme, qui allaient entrer dans leur loge, et je gênais leur passage.

Je me rangeai en saluant ; M. de Pommerive disparut, et je me rendis dans ma loge.

J'étais extrêmement contrarié, en songeant que peut-être madame de Pënâfiel m'avait entendu, et comme, après tout, il se pouvait que les autres bruits qui couraient sur elle fussent vrais, j'éprouvais malgré moi une sorte de honte d'avoir paru m'être ainsi établi le défenseur d'une femme que je ne connaissais pas ; puis, prêtant aux autres mes habitudes de défiance et de calcul, il m'aurait été insupportable de penser que madame de Pënâfiel eût pu croire que, l'ayant vue venir, je n'avais ainsi parlé que pour en être entendu et me faire remarquer d'elle.

Une fois dans ma loge, et caché par son rideau, je cherchai dans la salle madame de Pënâfiel; — je la vis bientôt dans une loge des premières, tendue en soie bleue; elle était assise dans un fauteuil de bois doré, et avait encore sur ses épaules un long mantelet d'hermine. Une autre jeune femme était près d'elle, et l'homme âgé qui m'avait parlé se tenait au fond de la loge.

Bientôt madame de Pënâfiel donna son mantelet à ce dernier; elle était vêtue d'une robe de crêpe paille, fort simple, avec un gros bouquet de violettes de Parme au corsage; un bonnet aussi garni de violettes, et très-peu élevé, laissait son beau front bien découvert, et encadrait ses cheveux châtains, séparés et retenus en bandeaux jusqu'au bas de ses tempes, d'où ils tombaient en longs et soyeux anneaux jusque sur son cou et sur ses blanches épaules : le soir, son teint pâle, rehaussé par un peu de rouge, paraissait éblouissant, et ses deux grands yeux gris brillaient à demi fermés sous leurs longs cils noirs.

— Caché derrière mon rideau, je regardais attentivement madame de Pënâfiel à l'aide de ma lorgnette. — L'expression de sa figure me parut, ainsi que le matin, inquiète, nerveuse, et surtout chagrine ou ennuyée; elle tenait sa tête penchée, et effeuillait machinalement un très-gros bouquet de violettes qu'elle avait à la main.

La compagne de madame de Pënâfiel formait avec elle un contraste frappant; elle semblait avoir dix-huit ans au plus, et la première fleur de la jeunesse s'épanouissait sur son visage frais, régulier et candide; elle était vêtue de blanc, et ses cheveux, noirs comme l'aile d'un corbeau, se collaient sur ses tempes; ses sourcils d'ébène se courbaient bien arqués, et ses yeux bleus, un peu étonnés, révélaient cette sorte de joie enfantine d'une jeune fille qui jouit avec une curiosité avide et heureuse de toutes les pompes du spectacle et des délices de l'harmonie.

De temps à autre, madame de Pënâfiel lui adressait la parole presque sans tourner la tête vers elle, la jeune fille semblait lui répondre avec une déférence attentive, bien qu'un peu contrainte.

Quant à madame de Pënâfiel, après avoir jeté deux ou trois regards distraits autour de la salle, elle parut demeurer complétement insensible à la magnifique harmonie de *Guillaume Tell*, qu'on représentait ce jour-là.

Cette jeune femme avait l'air si dédaigneux,

si énervé par la satiété des plaisirs, son front pâle et son visage décoloré, malgré la jeunesse et l'harmonieux contour de ses formes, révélait une indifférence, un chagrin ou un ennui si profond, que je ne savais en vérité s'il ne fallait pas la plaindre.

C'était vers la fin du deuxième acte de *Guillaume Tell*, — au moment du magnifique trio des trois Suisses; jamais ce morceau, d'une puissance si magique, n'avait peut-être été exécuté avec plus d'ensemble, et ne causa plus d'enivrement; la jeune fille, assise à côté de madame de Pënâfiel, la tête avidement penchée vers la scène, semblait en extase, puis son front, jusque-là baissé, se redressa tout à coup fier et résolu, comme si cette âme douce et timide eût éprouvé involontairement la réaction entraînante de cet air d'une bravoure si sublime.

Je ne sais si madame de Pënâfiel fut jalouse de l'émotion profonde que ressentait sa compagne, mais comme celle-ci avait paru répondre à peine à une de ses questions, madame de Pënâfiel sembla lui dire quelques mots, sans doute si durs, que je crus voir briller quelques larmes dans les grands yeux de la jeune fille, dont la figure s'obscurcit tout à coup; puis quelque temps après, prenant son mantelet de soie, dont elle s'enveloppa à la hâte, elle sortit avec l'homme âgé qui avait accompagné madame de Pënäfiel. — Sans doute il la conduisit jusqu'à sa voiture, car il revint bientôt seul.

Je réfléchissais à la signification de cette scène muette, dont j'avais sans doute été le seul spectateur attentif, lorsque M. de Cernay entra dans notre loge et me dit vivement : « Eh bien, est-ce vrai ? madame de Pënäfiel est-elle ici ? Il paraît qu'elle est décidément folle de mon assassin ; c'est charmant. On ne parle que de cela ce soir ; le bruit s'en est répandu avec une rapidité toute télégraphique. Mais où est-elle ? Je suis sûr qu'elle a l'air de ne pas se douter de ce qu'on dit.

— Il est impossible, en effet, de conserver un maintien aussi indifférent, — répondis-je à M. de Cernay.

Le comte s'avança, la lorgna, et me dit :

— C'est vrai, il n'y a qu'elle au monde pour braver aussi dédaigneusement le qu'en dira-t-on ! Le soir même de la mort de ce pauvre Merteuil, après tous les propos qui courent, car c'est l'entretien de tout Paris...... oser...... venir en grande loge à l'Opéra... ça passe en vérité toutes les bornes.

J'examinai attentivement M. de Cernay ; sur son charmant visage je crus lire une expression assez dépitée, pour ne pas dire haineuse, que j'avais déjà cru remarquer lorsqu'il parlait de madame de Pënâfiel. J'eus envie de lui répondre qu'il savait mieux que pas un que tout ce qu'on racontait d'Ismaël était faux et stupide, et que d'ailleurs, de toute façon, madame de Pënâfiel ne pouvait guère agir autrement qu'elle n'agissait ; car, si les bruits étaient fondés, elle devait à soi-même de les démentir par l'extrême et parfaite indifférence qu'elle affectait ; s'ils étaient faux, cette indifférence devenait toute naturelle. — Mais n'ayant aucune raison pour me déclarer une seconde fois le défenseur de madame de Pënâfiel, je me bornai à faire quelques questions sur elle, après avoir laissé s'exhaler la singulière indignation du comte.

— Quelle est cette jeune femme brune et fort jolie qui accompagnait tout à l'heure madame de Pënâfiel ? — lui demandai-je

— Mademoiselle Cornélie, sans doute, sa demoiselle de compagnie ! Dieu sait la vie que mène la pauvre fille ; sa maîtresse est pour elle d'une dureté, d'une tyrannie sans égale ! et lui fait payer bien cher, dit-on, le pain qu'elle mange. Voilà trois ans qu'elle demeure avec madame de Pënâfiel, et elle en a une si grande frayeur, sans doute, qu'elle n'ose pas la quitter.

Cette interprétation me fit sourire, et je continuai.

— Et cet homme âgé... à cheveux blancs?

— C'est le chevalier don Luis de Cabrera, un parent de son mari, qui pendant la vie du marquis habitait à l'hôtel de Pënâfiel; il y habite encore, sert de chaperon à sa cousine, et surveille la tenue de sa maison et de ses équipages, bien qu'elle ait le ridicule d'avoir un écuyer, absolument comme dans l'ancien régime ; un vieux bonhomme qui ne mange pas à l'office et qu'on sert chez lui... Je vous dis que tous ses ridicules sont à ne pas les croire.
— Mais, — dit le comte en s'interrompant, — qui entre dans sa loge? Ah! c'est madame la duchesse de X...; elle vient sans doute lui faire des grâces pour lui amener quelqu'un à son concert, où tout Paris voudrait être invité, car madame de Pënâfiel a ensorcelé Rossini, qui doit tenir le piano chez elle, et y faire exécuter un grand morceau inédit...... Ah! — continua M. de Cernay, — qui entre maintenant? C'est le gros Pommerive... Quel pique-

assiette. C'est pourtant pour gueuser des dîners à l'hôtel de Pënâfiel qu'il va faire mille platitudes auprès d'une femme dont il dit pis que pendre.

— Il est de ses amis ? — demandai-je à M. de Cernay.

— Il est de ses dîners... voilà tout ; car c'est bien la plus mauvaise langue qui existe au monde, perfide comme un serpent, ne ménageant personne. Mais quel dommage, n'est-ce pas, — reprit le comte, — que madame de Pënâfiel, avec tant de charmes, une si jolie figure, beaucoup d'esprit, trop d'esprit, une fortune énorme, se fasse aussi généralement détester ?...... Mais avouez que quand on ose tout...... c'est bien mérité.

— Mais il me semble, — lui dis-je, — que cette visite d'une femme comme madame la duchesse de X... prouve au moins qu'on ménage assez madame de Pënâfiel pour ne la détester que tout bas.

— Que voulez-vous... le monde est si indulgent !... — me répondit naïvement le comte.

— Pour ses plaisirs, — lui dis-je, — soit ; mais une chose qui m'étonne, c'est, non pas de voir qu'on médise généralement de madame de Pënâfiel, elle me paraît, à part ses défauts, bien entendu, réunir tout ce qu'il faut pour être fort enviée ; mais comment, pour se donner au moins une apparence de maintien, ne se marie-t-elle pas ?

Je ne sais quelle impression ces mots causèrent à M. de Cernay, mais il rougit imperceptiblement, me parut déconcerté, et me dit assez niaisement : — Pourquoi me demandez-vous cela, à moi ?

— Mais, — lui dis-je en riant, — parce que n'étant que deux dans cette loge, je ne puis guère le demander à d'autres...

Le comte s'aperçut du non-sens de sa réponse, se remit et me dit :

— C'est que je pensais que vous me croyiez beaucoup plus de l'intimité *sérieuse* de madame de Pënâfiel que je n'en suis réellement. Mais voyez donc, — ajouta le comte ; — voilà déjà le gros Pommerive sorti de sa loge ; il est à cette heure dans celle des deux belles amies : Oreste et Pylade en femmes. Ah çà, que leur conte-t-il donc, en regardant madame de Pënâfiel, avec tous ces gestes ridicules ? Quels rires elles font : mon Dieu que cet homme-là est platement bouffon : à son âge, c'est révoltant...

A la pantomime de M. de Pommerive, je

reconnus facilement l'histoire d'Ismaël, qui allait ainsi faire le tour de la salle.

— Ah ça, — me dit M. de Cernay en souriant, — bien que je ne sache pas du tout le *pourquoi anti-matrimonial* de madame de Pënâfiel, je suis assez de ses amis pour vous présenter à elle si vous le désirez, et si elle y consent, ce dont je n'ose vous répondre...... elle est si fantasque! mais comme je vais lui faire une visite...... voulez-vous que je lui parle de vous?

Songeant aussitôt à tout ce que cette demande aurait de souverainement ridicule, et du mauvais goût dont elle serait si madame de Pënâfiel m'avait entendu la défendre, et craignant que M. de Cernay ne fît cette démarche, je lui dis très-vivement et d'un air fort sérieux :

— Pour un motif que je désire garder secret, je vous prie, je vous supplie même très-positivement de ne pas prononcer mon nom à madame de Pënâfiel.

— Vraiment! — dit le comte en me regardant attentivement; — et pourquoi? quelle idée!

— Je vous prie encore une fois très-sérieusement de n'en rien faire, — répétai-je en accentuant les mots de façon que M. de Cernay comprit que je désirais véritablement qu'il ne fût pas question de moi.

— Soit, — me dit-il, — mais vous avez tort, car rien que ses coquetteries sont inappréciables à voir chez elle...

Il sortit, et j'allai faire aussi quelques visites dans la salle à plusieurs femmes de ma connaissance. — Le bruit du soir, et on ne parlait que de cela, était que madame de Pënâfiel avait causé la mort de M. de Merteuil, et qu'elle s'était éprise subitement d'Ismaël.

Aux femmes qui me racontèrent ceci avec de nombreuses variations et de grandes exclamations sur une si épouvantable sécheresse de cœur et une conduite aussi légère, je répondis (présumant, ce qui était vrai, que ces belles indignées étaient fort assidues aux fêtes de madame de Pënâfiel), je répondis d'un air non moins éploré qu'en effet rien n'était plus odieux, plus épouvantable, mais qu'heureusement, grâce à ce haut respect que le monde conservait toujours pour sa propre dignité et pour les convenances, cette marquise éhontée, qui s'éprenait si furieusement des Turcs, allait être bien punie de sa conduite abominable, car de ce jour sans doute aucune femme n'oserait ni ne daignerait mettre les pieds à l'hôtel de Pënâfiel ; — puis je saluai, et je revins dans ma loge.

J'y trouvai M. de Cernay et M. du Pluvier, qui avait terminé le matin sa promenade involontaire par une chute sans danger.

— Ah ! par exemple, voilà qui devient trop fort, — me dit le comte.

— Encore quelque noirceur de madame de Pënâfiel.

— Vous croyez rire... J'arrive dans sa loge... devinez qui madame de Pënâfiel me prie de lui présenter ?

— Je ne sais...

— Devinez ?... Quelque chose de bizarre... d'inouï... d'inconcevable... de prodigieux...

— Quelque chose d'inouï... de bizarre... — répéta M. du Pluvier en réfléchissant. —

— Ce n'est pas vous, du Pluvier ? — lui dit le comte, soyez tranquille ; — puis s'adressant à moi : — Voyons, devinez ?

— Je ne sais.

— Ismaël...

— Ismaël !

— Lui-même.

— Oh ! la belle histoire ! — s'écria du Pluvier ; ah ! je vais joliment la raconter !

J'avoue que ce que me dit le comte me

surprit tellement, qu'à mon tour je demandai à M. de Cernay si ce n'était pas une plaisanterie ; il me répondit très-sérieusement, et même comme s'il eût été singulièrement piqué de la demande de madame de Pënâfiel :

— Ah ! mon Dieu, non : elle n'a pas fait tant de façons ; elle m'a dit d'un air très-dégagé, pour cacher sans doute, et par le ton et par l'expression, l'importance qu'elle mettait à sa demande : « Monsieur de Cernay, votre Turc est assez original, il faut que vous me l'ameniez... »

— Elle vous a dit cela... sérieusement ?

— Très-sérieusement... je vous en donne ma parole.

Cette affirmation me fut faite d'une manière si grave par le comte que je le crus.

M. du Pluvier partit comme une flèche pour raconter cet autre trait de folie de madame de Pënâfiel, et à la sortie de l'Opéra ce nouveau détail compléta de reste toute cette belle médisance.

. . . .

J'allai faire une visite d'ambassade, et je rentrai chez moi.

— Dès que je pus réfléchir en silence, je sentis que cette journée m'avait douloureusement attristé. — Je connaissais le monde; mais cet amas de faussetés, de sottises, de médisances, ce dénigrement acharné contre une femme qui d'ailleurs semblait l'autoriser par deux ou trois actions que je ne pouvais m'expliquer et qui décelaient du moins une inconcevable légèreté de conduite, ces hommes qui en disaient mille méchancetés odieuses et allaient à l'instant même se confondre auprès d'elle en hommages serviles, tout cela, en un mot, pour être d'une turpitude vieille comme l'humanité, n'en était pas moins misérable et repoussant.

Pourtant, par une contradiction étrange, malgré moi je m'intéressais à madame de Pënâfiel, par cela même qu'elle était dans une position beaucoup trop élevée pour que tous ces bruits odieux arrivassent jusqu'à elle. Car ce qu'il y a d'affreux dans les calomnies du monde, qui s'exercent sur les gens dont la grande existence commande le respect ou plutôt une basse flatterie, c'est qu'ils vivent au milieu des médisances les plus haineuses, c'est que l'air qu'ils respirent en est imprégné, saturé, et qu'ils ne s'en doutent pas.

Ainsi ce soir-là il était impossible, en voyant les sourires gracieux des femmes, les salutations empressées des hommes qui accueillaient madame de Pënafiel à la sortie de l'Opéra, il était impossible qu'elle pût supposer la millième partie des odieux propos dont elle était l'objet.

Je le répète, tout cela était misérable et me laissa dans un état de tristesse navrante.

Je venais cependant de passer une journée de *cette vie de délices*, comme on dit, de cette existence de luxe, que le plus petit nombre des gens même du monde peuvent mener, — et je me trouvais toujours avec un vide effrayant dans le cœur !

Puis, suivant le cours de mes pensées, je comparai cette vie médisante, creuse, stérile et fardée, à l'existence vivifiante, épanouie, généreuse, que je menais à Serval ! Pauvre vieux château paternel ! Horizon paisible et souriant, vers lequel mon âme se tournait toujours lorsqu'elle était chagrine ou meurtrie !

Oh ! quels remords désespérants j'éprouvais en songeant à Hélène, que j'avais perdue par un doute infâme ! à cette noble fille si adorable sous son auréole de candeur, et si chastement bercée dans son atmosphère d'angélique pureté, que rien n'avait jamais ternie ! mais qu'un matin... hélas !... un seul matin, son amour pour moi avait doucement décolorée !.... Hélène ! Hélène ! une de ces natures divines qui naissent et meurent, comme le cygne dans la solitude d'un lac transparent, ignorées et sans taches !

. . . .

Et puis, descendant de cette sphère de pensées qui rayonnaient d'un éclat si pur et si virginal, je voulais échapper aux poignants souvenirs qu'elles soulevaient en moi ! Je cherchais quelque espoir vague et lointain d'en distraire un jour mon cœur, et je songeai à l'intérêt involontaire que déjà je portais à madame de Pënâfiel. — Mais je sentis aussi que pour cette femme horriblement calomniée sans doute, mais à jamais souillée par tant d'outrages, il me serait toujours impossible d'éprouver cet amour ardent, profond et saint, dont on est fier comme d'une noble action !

Le monde, en portant une atteinte fangeuse à la réputation d'une femme, ce voile irréparable, pudique et sacré, qui se déchire d'un souffle, cette première fleur de la vie si délicate et si éthérée ; le monde, par ses accusations infâmes, flétrit non-seulement la vertu de cette femme, mais il détruit pour toujours l'avenir de son cœur ; il la prive même désormais de la triste consolation d'inspirer un amour dévoué, sincère et durable ! Il la livre presque malgré elle aux dégradants caprices des liaisons changeantes, sans respect et sans foi ! Car quel est celui qui verrait en elle, si honteusement soupçonnée, autre chose qu'une charmante fantaisie, le désir de la veille, le plaisir du jour, et l'oubli du lendemain ? — Quel est celui qui, près d'elle, oserait se livrer à ces élans de passion et de confiance entraînante, dans lesquels on dit à la seule femme digne de ces secrets les joies, les tristesses, les délires, les mystères, les ravissements de l'âme qu'elle remplit, et que Dieu seul pourrait pénétrer ? — Quel est celui qui ne craindrait pas, au milieu de l'ivresse de ces épanchements, d'entendre l'écho railleur et désolant de tant de sordides calomnies, prodiguées à cette femme aux pieds de laquelle il irait se mettre, lui, si pieusement à genoux ?

Quelle religion peut-on avoir enfin pour l'idole qu'on a vue tant de fois et si indignement outragée ?

. . . .

CHAPITRE XIV.

UN AMI.

Cinq ou six jours après cette soirée où j'avais vu madame de Pënâfiel à l'Opéra, M. de Cernay entra chez moi un matin de l'air du monde le plus rayonnant.

— Eh bien, — me dit-il, — elle est partie ! Elle a quitté Paris hier ! au cœur de l'hiver : cela vous paraît singulier, n'est-ce pas ? Mais il n'en pouvait être autrement ; le scandale avait aussi semblé trop prodigieux. Le monde a des lois qu'on ne brave pas impunément.

— Comment cela ? — lui dis-je. — Pourquoi madame de Pënâfiel a-t-elle ainsi quitté Paris ?

— Il est probable, — reprit-il, — que quelques-uns de ses parents, par respect et convenance de famille, l'auront charitablement avertie qu'en attendant que la mauvaise impression causée par sa ridicule et subite passion pour Ismaël et par la mort de Merteuil fût apaisée, il serait convenable qu'elle allât passer quelque temps dans une de ses terres ; contre son habitude, elle aura cédé à ces conseils pour se guérir sans doute de son amour dans la solitude...

— Vous ne lui avez donc pas présenté Ismaël, ainsi qu'elle vous en avait prié ?

— Impossible, — reprit le comte, — il est sauvage comme un ours, capricieux comme une femme et têtu comme une mule, je n'ai jamais pu le décider à m'accompagner à l'hôtel de Pënâfiel ; aussi, comme je vous le disais, je crois que c'est bien plutôt le dépit que le respect humain qui aura décidé du voyage de madame de Pënâfiel.

J'avoue que ce départ si subit, dans une pareille saison, me paraissait tout aussi étrange que la demande de madame de Pënâfiel à M. de Cernay de lui présenter Ismaël. Aussi, voulant, tout en continuant un sujet d'entretien qui m'intéressait, couper court à des propos qui devenaient aussi incompréhensibles que révoltants, je dis au comte :

« Quel homme était-ce donc que M. le marquis de Pënâfiel ?

— Un très-illustre et très-puissant seigneur d'Aragon, grand d'Espagne et ambassadeur à Rome ; c'est là qu'il vit, pour la première fois, mademoiselle de Blémur, aujourd'hui madame de Pënâfiel ; elle faisait un voyage d'Italie, avec son oncle et sa tante.

— Et le marquis était-il jeune ?

— Trente ou trente-cinq ans au plus, — me dit le comte ; — avec cela, fort beau, fort agréable, très-grand seigneur en toutes choses ; et, pourtant, ce ne fut pas un mariage d'inclination, mais seulement de convenance. M. de Pënâfiel avait une fortune colossale, mademoiselle de Blémur était aussi prodigieusement riche, orpheline et maîtresse de son choix ; pourquoi se décida-t-elle à ce mariage sans amour ? On l'ignore. Le marquis avait toujours eu le désir de s'établir en France ; une fois les paroles échangées, il se rendit à Madrid pour remettre son ambassade dans les mains du roi, quitta pour jamais l'Espagne, et vint à Paris, où il épousa mademoiselle de Blémur. Mais, après deux ans de mariage, il mourut d'une assez longue maladie en *ie* dont le nom diabolique m'est échappé.

— Et avant son mariage, que disait-on de mademoiselle de Blémur ?

— Bien qu'elle fût jolie comme les amours, elle commençait déjà à paraître insupportable à cause de sa coquetterie, de ses manières affectées, et surtout de ses prétentions à la science... dignes des femmes savantes, car elle avait forcé son oncle, qui était son tuteur et n'avait de volonté que celle de sa nièce, de lui donner des maîtres d'astronomie, de chimie, de mathématiques, que sais-je ! Aussi, grâce à cette belle éducation, mademoiselle de Blémur se crut le droit de se montrer très-méprisante et très-moqueuse envers les hommes qui ignoraient de ces savantasseries-là. Or, vous jugez des amis que ces impertinentes railleries devaient lui faire ; ce qui ne l'empêchait pas d'être adulée, entourée, flagornée, car, après tout, on supporte bien des choses de la part d'une héritière de quatre cent mille livres de rentes, qu'on sait d'un caractère à ne suivre que son goût ou son caprice pour se marier ; aussi son union avec un étranger commença-t-elle déjà à lui faire autant d'ennemis qu'il y avait d'aspirants à sa main...

— Je le conçois, tant de patience et de soupirs perdus ! Mais d'ailleurs rien n'était plus patriotique que cette inimitié, — répondis-je au comte en souriant, — ce mariage n'étant d'ailleurs absolument que de convenance, m'avez-vous dit, bien que M. de Pënâfiel fût fort agréable.

— Ils semblaient du moins, — reprit M. de Cernay, — vivre très en froid l'un avec l'autre; seulement, lors de la maladie du marquis, madame de Pënâfiel se montra très-assidue près de lui; mais, entre nous, qu'est-ce que cela prouve ?

— Tout au plus qu'elle aurait été très-assidue, ou plutôt fort hypocrite, car, avant comme après son veuvage, on lui a reconnu sans doute beaucoup d'adorateurs heureux ?

— On lui en suppose beaucoup du moins, et il est clair qu'on ne se trompe pas, — dit le comte; — mais elle est si fine, si adroite! n'écrivant jamais que des billets du matin très-insignifiants. Quant à Ismaël, c'est une folie incompréhensible qui sort de ses habitudes et qui ne s'explique que par la violence d'un caprice insurmontable; on parle aussi de déguisements, d'une petite maison qu'elle aurait dans je ne sais quel quartier perdu. En un mot, il est bien évident pour tous les gens sensés que, si madame de Pënâfiel n'avait qu'une seule et honorable affection, elle ne la cacherait pas; tandis qu'au contraire, à l'abri de ces mille bruits contradictoires qui promènent de l'un à l'autre les soupçons du monde, il est hors de doute qu'elle se livre sourdement à toutes ses fantaisies. Et puis enfin pourquoi est-elle si coquette? pourquoi chercher autant à plaire? Si vous allez chez elle, vous le verrez. Or, quand on a un tel besoin, une telle rage de paraître charmante, on ne se contente pas d'admirations désintéressées.

—Mais,—dis-je à M. de Cernay,—le vainqueur de cette lutte, qui par son retentissement a dû déranger fort les habitudes mystérieuses de madame de Pënâfiel, M. de Senneterre, que devient-il?

— Oh! — dit le comte, — Senneterre est sacrifié, indignement sacrifié; car, à part sa folle passion pour Ismaël, par esprit de contradiction, madame de Pënâfiel est capable de pleurer le mort et de détester le survivant; ce qui le prouve du reste, c'est que maintenant Senneterre a le bon goût et le tact de soutenir qu'il ne s'est jamais occupé de madame de Pënâfiel, et qu'elle est absolument étrangère à ce défi; oui, il répète maintenant à qui veut l'entendre qu'il n'a engagé ce malheureux pari avec Merteuil que par entraînement d'amour-propre. Ils avaient,—dit Senneterre,—tous deux déjeuné chez lord ***, et en sortant de chez lui chacun se prit à vanter les rares qualités de son cheval : l'exaltation s'en mêla, et enfin ce fatal défi fut la conclusion de leur entretien. Le lendemain, étant plus de sang-froid,—dit-il encore,—ils en reconnurent le danger ; mais alors ils craignirent de paraître reculer devant le péril, et par la bravade maintinrent leur pari... Tout cela est bel et bon ; mais, outre que ce n'est pas vrai, pour moi du moins, qui ai su la véritable cause de ce défi, vous m'avouerez que ce n'est guère probable. Après tout, Senneterre, instruit des bruits fâcheux qui courent sur madame de Pënãfiel, agit en galant homme en niant tout à cette heure. »

Bien des années ont passé sur ces souvenirs, et je me demande comment de pareilles puérilités ont pu me rester aussi présentes à la mémoire. C'est que, tout en se rattachant à un cruel événement de ma vie, elles m'avaient aussi frappé par leur pauvreté même, comme le type le plus exact et le plus vrai d'un certain ordre de sujets de conversation, d'examen, de discussion, de louanges, d'attaques et de médisances, qui tour à tour occupent absolument et très-sérieusement les oisifs du monde... Que, si cette affirmation semble exagérée, qu'on se rappelle l'entretien d'hier ou celui d'aujourd'hui, et on reconnaîtra la vérité de ce que j'avance.

Mais, pour revenir à M. de Cernay, comme après tout il y avait dans les propos absurdes dont il se faisait le bruit et l'écho une apparence de logique plus que suffisante pour mettre en paix la conscience de la calomnie, je ne tentai pas de défendre madame de Pënâfiel auprès du comte. D'ailleurs je croyais pénétrer le but et la cause de son dénigrement si acharné contre elle; car ces bruits, qui tenaient en émoi la bonne compagnie de Paris depuis cinq ou six jours, n'avaient pas évidemment d'autre auteur que lui.

Quant à ce nouvel et long entretien sur les antécédents et le caractère de madame de Pënâfiel, je ne le répète que parce qu'il cadrait parfaitement avec tout ce que j'en avais entendu dire, et qu'il résumait à merveille ce que le monde pensait de cette femme singulière.

« Il faut espérer, — dis-je au comte, — que Paris ne sera pas longtemps privé d'une femme aussi précieuse pour les sujets de conversation que semble l'être madame de Pënâfiel; car, depuis cinq où six jours, on doit au moins lui rendre cette justice qu'elle en a fait elle seule tous les frais.

— Vous désirez son retour, je parie? — me

dit M. de Cernay en m'interrogeant d'un regard curieux et pénétrant.

— Sans le désirer très-vivement, je ne vous cache pas que madame de Pënâfiel inspire, sinon l'intérêt, du moins la curiosité.

— Allons, de la curiosité à l'intérêt il n'y a qu'un pas, de l'intérêt à l'amour un autre pas ; en un mot, je suis sûr que vous serez amoureux fou de madame de Pënâfiel. Mais prenez bien garde ! — me dit le comte.

— Malgré tous les dangers qu'il peut y avoir, je désirerais vivement, — lui dis-je, — réaliser votre prédiction, car je ne sais rien de plus heureux au monde qu'un homme amoureux, même lorsqu'il aime sans espoir.

— C'est justement pour cela que j'ai voulu vous mettre bien au courant du véritable caractère de madame de Pënâfiel, afin que vous sachiez au moins à quoi vous en tenir si vous lui étiez présenté ; vrai, je ne voudrais pas vous voir rendu malheureux par elle, — me dit le comte avec une expression de si parfaite bonhomie que je ne sais en vérité si elle était feinte ou réelle. — Entre gentilshommes, — ajouta-t-il, — ce sont de ces services qu'on se doit rendre ; mais, tenez, franchement, il faut l'intérêt inexplicable que vous m'inspirez, il faut tout le désir que j'ai de vous être utile pour vous avoir prévenu ; car en vérité... — Et le comte hésita un moment, puis il reprit d'un air presque solennel, où il paraissait se joindre une nuance d'intérêt affectueux : — Tenez, voulez-vous savoir toute ma pensée ?

— Sans doute, — dis-je fort surpris de cette brusque transition.

— Eh bien, vous savez qu'entre hommes il n'y a rien de plus sot que les compliments ; pourtant je ne puis vous cacher qu'il y a en vous quelque chose qui attire au premier abord ; mais bientôt on reconnaît dans votre manière d'être je ne sais quoi de contraint, de froid, de réservé, qui glace ; vous êtes jeune, et vous n'avez ni l'entrain ni la confiance de notre âge. Il y a surtout en vous un contraste que je ne puis parvenir à m'expliquer. Quand vous prenez part à une conversation de jeunes gens, conversation folle, joyeuse, étourdie, souvent votre figure s'anime, vous dites alors des choses beaucoup plus folles, beaucoup plus gaies que les plus gais et les plus fous, et puis, la dernière parole prononcée, vos traits reprennent aussitôt une expression indéfinissable, ou plutôt définissable, de froideur et de fatigue ; vous avez l'air de vous ennuyer à la mort, de façon qu'on ne sait que penser d'une gaieté qui se trouve si voisine d'une tristesse si morne. Aussi je vous jure qu'il est diablement difficile de se mettre en confiance avec vous, quelque envie qu'on en puisse avoir...

Il est bien évident que je ne crus pas un mot de ce que me dit le comte au sujet de *ma puissance attractive;* et, sans pouvoir encore démêler le but de cette flatterie, qui ne me parut que ridicule et grossière, je voulus me montrer à lui sous un tel jour qu'il m'épargnât désormais de telles confidences.

— Vous avez raison, — dis-je au comte, — je sais qu'il ne doit pas être facile de se mettre en confiance avec moi, car étant par nature extrêmement dissimulé, et comptant peu sur les autres parce qu'ils pourraient fort peu compter sur moi, il doit m'être aussi difficile qu'il m'est indifférent d'inspirer le moindre sentiment d'attraction.

Le comte me regarda d'abord d'un air très-sérieusement étonné, puis il me dit d'un air assez piqué :

— Cette dissimulation n'est du moins pas dangereuse, puisque vous l'avouez.

— Mais je n'ai jamais songé à être dangereux, — lui dis-je en souriant.

— Ah çà, — reprit-il, — et où donc croyez-vous trouver des amis avec de pareils aveux ?

— Des amis ? — demandai-je à M. de Cernay, — et pourquoi faire ?

Il y eut sans doute dans l'expression de mes traits, dans l'accent de ma voix, une apparence de vérité telle que le comte me regarda avec surprise.

— Parlez-vous sérieusement ? me dit-il.

— Très-sérieusement, je vous jure ; qu'y a-t-il d'étonnant dans ce que je vous dis là.

— Et vous ne craignez pas d'avouer une aussi complète indifférence ?

— Pourquoi craindrais-je ?

— Pourquoi ? — reprit-il d'un air de plus en plus stupéfait. Puis bientôt il me dit : — Allons, c'est un paradoxe que vous vous amusez à soutenir ; c'est fort original, sans doute ; mais au fond je suis sûr que vous ne pensez pas un mot de cela.

— Soit, parlons d'autre chose, — dis-je au comte.

— Mais voyons, sérieusement, — reprit-il, — pouvez-vous demander : A quoi bon les amis ?

— Sérieusement, — lui dis-je, — à quoi vous suis-je bon ? — à quoi m'êtes-vous bon ? Que demain nous ne nous voyions plus, qu'y perdriez-vous ? qu'y perdrais-je ? Vous n'avez pas plus besoin de moi que je n'ai besoin de vous : et en disant *vous* et *moi*, je personnifie, je généralise, quant à *moi* du moins, ces banales affections du monde auxquelles on donne le nom d'amitié.

— Je vous accorde qu'on puisse se passer de ces relations-là, ou plutôt qu'elles soient si faciles à rencontrer que, sûr de les trouver toujours, on ne s'inquiète guère de les chercher, — me dit M. de Cernay ; — mais l'amitié vraie, profonde, dévouée ?

— Nisus et Euriale, Castor et Pollux ? — lui dis-je.

— Oui ; direz-vous encore : Pourquoi faire, à propos de ces amitiés-là, si vous étiez assez heureux pour les rencontrer ?

— Je dirais certainement : Pourquoi faire ? toujours *quant à moi*... Car si je trouvais un Nisus, je ne me sens véritablement pas la force généreuse d'être Euriale, et je suis trop honnête homme pour accepter ce que je ne puis pas rendre. Enfin cette amitié si vive, si profonde que vous dites, alors même que je la trouverais, me serait fort inutile et même très-pesante au moment du bonheur, car je hais les confidences heureuses ; elle ne pourrait donc m'être utile qu'au jour du malheur? Or, il est matériellement et mathématiquement impossible que je sois jamais malheureux.

— Comment cela? — dit le comte de plus en plus ébahi.

— Par une raison fort simple. Ma santé est parfaite, mon nom et mes relations me mettent au niveau de tous, ma fortune est en terres, j'ai toujours deux années de revenus d'avance, je ne suis ni joueur ni prêteur : comment voulez-vous donc que je sois jamais malheureux ?

— Mais alors il n'y a donc pas à vos yeux d'autres malheurs que les douleurs physiques ou les embarras matériels ?... Et les peines de cœur? — me dit le comte d'un air véritablement affligé.

A cela je répondis par un éclat de rire si franc que M. de Cernay en demeura tout étourdi; puis il reprit :

— Avec une telle façon de voir, il est évident qu'on n'a jamais besoin de personne... et tout ce que je puis vous dire... c'est que je vous plains fort. Mais pourtant, — ajouta-t-il presque impatiemment, — avouez que si demain je venais vous demander un service vous ne me le refuseriez pas, quand ça ne serait que par respect humain ; eh bien , le monde n'en veut pas davantage !

— Mais en admettant que je vous rende un service, que prouverait cela ? que vous auriez eu besoin de moi, mais non pas que *moi* j'aurais eu besoin de vous...

— Ainsi vous vous croyez sûr de n'avoir jamais besoin de personne ?

— Oui, c'est mon principal luxe, et j'y tiens.

— Soit, votre fortune est en terres, elle est sûre. Votre position est égale à celle de tous, vous ne croyez pas aux peines du cœur ou vous les souffrez seul ; mais, par exemple, ayez un duel, il vous faudra bien aller demander à quelqu'un du monde de vous servir de témoin ; voilà une grave obligation ! Vous pouvez donc avoir besoin des autres dans le monde.

— Quand j'ai un duel, je m'en vais à la première caserne venue, je prends les deux premiers sous-officiers ou soldats qui me tombent sous la main, et voilà des témoins excellents et qu'aucun homme d'honneur ne peut récuser.

— Quel diable d'homme vous faites ! — me dit le comte ; — mais si vous êtes blessé... qui viendra vous voir ?

— Personne, Dieu merci ! Dans les souffrances physiques je suis un peu comme les bêtes fauves, il me faut une solitude et une nuit profonde.

— Mais enfin dans le monde, pour causer, pour vivre, en un mot, de la vie du monde, il vous faut les autres.

— Oh! les autres pour cela ne peuvent jamais me manquer, pas plus que je ne leur manquerai; c'est un concert où les plus misérables musiciens sont admis sur le même pied que les meilleurs artistes, et où chacun fait sa note obligée; mais ces relations-là ne sont plus de l'amitié; ces liaisons-là sont comme ces plantes robustes et vivaces qui n'ont ni doux parfum, ni couleur éclatante, mais qui sont vertes en tout temps, et qu'on ne craint jamais de froisser; la preuve de ceci, c'est qu'après tout ce que nous venons de dire là, nous resterons dans les mêmes et excellents termes où nous sommes; demain nous nous serrerons la main dans le monde, nous causerons des adorateurs de madame de Pënâfiel ou de tout ce que vous voudrez; et dans six mois nous nous dirons *mon cher;* mais dans six mois et un jour, vous ou moi disparaîtrions de cette bienheureuse terre, que vous ou moi serions parfaitement indifférents à cette disparition. Et c'est tout simple, pourquoi en serait-il autrement? De quel droit exigerais-je un autre sentiment de vous? de quel droit l'exigeriez-vous de moi?

— Mais ce que vous dites là est exceptionnel, tout le monde ne pense pas comme vous.

— Je l'espère bien pour tout le monde; car je crois ne ressembler à personne, par cela même que je ressemble à tous.

— Et sans doute avec ces principes-là vous méprisez aussi singulièrement les femmes et les hommes? — me dit le comte.

— D'abord je ne méprise pas les hommes, — lui dis-je, — par une raison très-simple; c'est que moi, qui ne suis ni pire ni meilleur qu'un autre, je me suis mis souvent, par la pensée, aux prises avec quelqu'une de ces questions qui décident à tout jamais si on est un honnête homme ou un misérable.

— Eh bien? — fit le comte.

— Eh bien! comme j'ai toujours été très-franc avec moi-même, j'ai souvent beaucoup plus douté de moi que je n'ai encore douté des autres; je ne puis donc pas mépriser les hommes. Quant aux femmes, comme je ne les connais pas plus que vous ne les connaissez, il m'est aussi impossible d'en parler d'une manière absolue.

—Comment, pas plus que moi? — me dit le comte de Cernay d'un air évidemment choqué. — Je ne connais pas les femmes?

— Je crois que ni vous ni personne ne connaissez les femmes d'une manière absolue, — lui dis-je en souriant. — Quel est l'homme au monde qui se connaît? Quel est celui qui pourrait répondre affirmativement de soi dans toute condition possible? A plus forte raison qui peut se piquer de connaître, non pas les femmes, mais une seule femme, lors même qu'elle serait sa mère, sa maîtresse ou sa sœur? Il est évident que je ne parle pas de ces notions à tous venants, sorte de catéchisme banal et traditionnel, aussi faux que stupide, et qui est d'une application tout aussi raisonnable que le serait le secours d'un manuel du beau langage pour répondre à toutes les questions supposables.

— Sous ce rapport vous avez raison, — me dit le comte; — mais tenez, je suis ravi de vous mettre dans votre tort et en contradiction avec vous-même, parce qu'il s'agit d'une espèce de service que je ne puis vous rendre : vous désirez connaître madame de Pënäfiel; il faut donc que vous deviez à moi ou à quelque autre votre présentation chez elle.

— Il est impossible d'être plus aimable, — dis-je au comte; et tel pauvre que je sois en amitié, je trouverais certainement de quoi payer votre offre si gracieuse; madame de Pënâfiel est charmante; je crois à tous les merveilleux récits que vous m'en avez faits; je sais que son salon est des plus recherchés et des plus comptés; mais très-franchement et très-sérieusement, je vous supplie comme je supplierais tout autre, de ne faire pour moi auprès d'elle aucune demande de présentation.

— Et pourquoi cela?

— Parce que le plaisir que je trouverais sans doute à connaître madame de Pënâfiel ne compenserait jamais l'humiliante impression que me causerait un refus de sa part.

— Quel enfantillage! — me dit le comte. — Encore tout dernièrement, Falmouth a voulu lui présenter le jeune duc de ***, allié de la famille royale d'Angleterre. Eh bien! madame de Pënâfiel a refusé net.

— Vous avez trop de monde, mon cher comte, pour ne pas comprendre que ma position ne me mettant ni au-dessus ni au-dessous d'un certain niveau social, je ne dois, ni ne veux, ni ne puis m'exposer à un refus. C'est fort ridicule, soit, mais cela est ainsi, n'en parlons plus.

— Un mot encore, — me dit le comte; — voulez-vous pourtant parier avec moi deux cents louis, que, lors de son retour, vous serez présenté et admis chez madame la marquise de Pënâfiel, au plus tard un mois après son arrivée?

— D'après ma demande?

— Non sans doute, au contraire.

— Comment, au contraire? — dis-je au comte.

— Certainement, je vous parie que madame de Pënâfiel vous rencontrant nécessairement dans le monde, et sachant que vous ne voulez faire aucuns frais pour lui être présenté, s'arrangera, par esprit de contradiction, de façon que cela soit pourtant, et presque malgré vous.

— Ce serait sans doute un fort grand triomphe dont je serais on ne peut plus fier; — répondis-je au comte; — mais je n'y crois pas; et j'y crois si peu que je tiens votre pari, à savoir qu'après un mois, à dater de son retour, je n'aurai pas été présenté à madame de Pënâfiel.

— Mais, — dit M. de Cernay, — il est bien entendu que si la proposition vous est faite de sa part......vous ne refuserez pas..... et que.....

— Il est bien entendu, — dis-je au comte en l'interrompant, — que je n'accueillerai jamais une prévenance toujours honorable et flatteuse par une grossièreté; ainsi, je vous le répète, je tiens votre pari.

— Vos deux cents louis sont à moi, — me dit le comte en me quittant; — mais tenez, — ajouta-t-il en me tendant la main, — merci de votre franchise.

— De quelle franchise?

— Oui, de ce que vous m'avez dit si crûment... ce que vous pensiez au sujet de l'amitié; c'est une probité rare.

— Avec la discrétion, ou plutôt la dissimulation, ce sont mes deux seules et uniques qualités, — dis-je au comte en lui serrant aussi cordialement la main.

Et nous nous séparâmes.

. . . .

FIN DU PREMIER VOLUME.

TABLE DES CHAPITRES.

Préface. 1

INTRODUCTION.

Chapitre I. La route de poste. 7
        II. Le cottage. 24
       III. Le récit. 48

JOURNAL D'UN INCONNU. — HÉLÈNE.

Chapit. IV. Le deuil. 69
       V. Hélène. 88
      VI. L'aveu. 98
     VII. La lettre. 113
    VIII. Le portrait. 125
     IX. Le pavillon. 134
      X. Le contrat. 149

MADAME LA MARQUISE DE PENAFIEL.

Chapit. XI. Portraits. 167
     XII. Les gentlemen riders. 197
    XIII. L'Opéra. 214
    XIV. Un ami. 240

FIN DE LA TABLE.

Les Œuvres complètes de M. EUGÈNE SUE se composent aujourd'hui de 61 volumes in-8º à 7 fr. 50, dont le prix total serait de 457 fr. 50 c., savoir :

La Salamandre...............	2 vol. in-8º.	15 »
La Coucaratcha..............	3 vol. in-8º.	22 50
Deleytar.....................	2 vol. in-8º.	15 »
Deux histoires...............	2 vol. in-8º.	15 »
Plick et Plock...............	1 vol. in-8º.	7 50
Atar-Gull....................	2 vol. in-8º.	15 »
La Vigie de Koat-Ven........	4 vol. in-8º.	30 »
Thérèse Dunoyer.............	2 vol. in-8º.	15 »
Latréaumont..................	2 vol. in-8º.	15 »
Paula Monti..................	2 vol. in-8º.	15 »
Le Morne au Diable..........	2 vol. in-8º.	15 »
Le Commandeur de Malte...	2 vol. in-8º.	15 »
Mathilde.....................	6 vol. in-8º.	45 »
Arthur.......................	4 vol. in-8º.	30 »
Les Mystères de Paris.......	10 vol. in-8º.	75 »
Le marquis de Létorière.....	1 vol. in-8º.	7 50
Jean Cavalier................	4 vol. in-8º.	30 »
Le Juif-Errant...............	10 vol. in-8º.	75 »
	61 vol.	457 50

Chacun de ces volumes, imprimé dans le format in-48 que les bibliophiles connaissent sous le nom de format-Cazin, coûtera

1 franc.

Paris. Imprimé par Plon Frères, rue de Vaugirard, 36

www.ingramcontent.com/pod-product-compliance
Lightning Source LLC
Chambersburg PA
CBHW050325170426
43200CB00009BA/1466